IWAO
KOMIYAMA

Cocina oriental

Bonum

Komiyama, Iwao
    Cocina oriental - 2a ed. - Buenos Aires : Bonum Editorial, 2005.
    144 p. ; 27x18 cm.

    ISBN 950-507-744-0

    1. Cocina oriental I. Título
    CDD 641.592 95.

Primera edición: marzo de 2005
Segunda edición: mayo de 2005

Agradecimientos:
Cuchillos Mundial Argentina • mundial@eberleargentina.com.ar
Jardín Japonés de la ciudad de Buenos Aires.

Edición: Úrsula Gremmelspacher, María Laura Caruso
Coordinación de edición: Marisol Rey
Corrección: Alicia Dente
Diseño: DONAGH ǀ MATULICH
Asistente de cocina: Juan Manuel Pérez
Fotografía: Carlos Fadigati

© **2005, Editorial Bonum**
Av.Corrientes 6687 (C 1427 BPE)
Ciudad Autónoma de Buenos Aires, Argentina
Tel./fax: (011) 4554-1414 (líneas rotativas)
e-mail: ventas@editorialbonum.com.ar
www.editorialbonum.com.ar

Impreso en Argentina.

ISBN 950-507-744-0

Este libro se terminó de imprimir en el mes de mayo de 2005
en los Talleres Gráficos Color Efe, Paso 192, Avellaneda,
Provincia de Buenos Aires, República Argentina

Este libro lo dedico especialmente a mi maravillosa esposa, que estuvo a mi lado apoyándome en todos los momentos de mi vida, la amo. A mi adorable y dulce hija, que desde el día en que nació, no deja de brindarme amor y cariño todos los días de mi vida; y a mi inseparable perra y fiel amiga Gretel, que me enseñó a comprender el significado de la palabra incondicional. A mi madre y a mi padre.

Dedicación especial: Para Amanda y Enrique, por ser seres angelicales y por quererme, apoyarme y aceptarme tal cual soy; para mi abuela Oba-chan por darme tanto amor durante toda su vida y al gran cocinero argentino el señor Gato Dumas, por brindarme tanto afecto y cariño durante el tiempo en que la vida nos unió.

A todos ellos le dedico este libro que he realizado con mucho amor y esfuerzo, para todas aquellas personas que amen la cocina como la amo yo.

Ya que mi vida es la cocina.

IWAO KOMIYAMA.

PRÓLOGO

En la cocina de Asia, se puede apreciar la influencia de las tres doctrinas más importantes de Asia: el budismo, el taoísmo y el shintoísmo.

Los budistas, le han dado la base de la cocina vegetariana, ya que en su doctrina está prohibido matar cualquier tipo de animales.

Los taoístas, el principio del ying y el yang.

Los shintoístas, rinden culto a la cuatro estaciones del año o a la naturaleza.

Es decir:

El budismo le ha dado a la cocina de Asia los sabores vegetarianos.

Los taoístas, con el principio del ying y el yang, los contrastes en los sabores: lo agridulce o agripicante, se ven bien reflejados en la cocina china y del sudeste asiático.

La cocina orgánica o naturista, influencia del shintoísmo, le ha dado a Japón, su principio fundamental: a) realzar los sabores naturales, b) que sus propiedades se mantengan inalterables, para que provean al hombre una sana alimentación: los pescados y mariscos frescos del sushi son un claro ejemplo.

Por esta razón siempre digo que la cocina es el reflejo de una cultura.

En este libro, he escrito muchas recetas de la cocina de Asia para todo tipo de paladares, tanto vegetarianos como gourmet, para quienes gusten de lo agridulce, picante o suave.

Espero que realicen las recetas para poder disfrutar o compartir con sus amigos y seres queridos.

IWAO KOMIYAMA.

e-mail: iwaobonum@yahoo.com

Índice

Omelettes y platos con huevo

Frituras

Cerdo o chancho

Pollo o ave

Pescados

Mariscos

Vegetales

Fondues orientales

Pastas

Sopas

Vapor

Sushi

Maki sushi

Sashimi

Sushi especiales

VIRTUDES DEL WOK

El wok puede convertirse en el mejor aliado a la hora de cocinar poniendo el acento en los sabores, la calidad de la materia prima, el cuidado de la salud y la economía hogareña.

Sus resultados son sabrosos, prácticos, saludables y económicos. En él se pueden cocer tanto alimentos al vapor como estofarlos, preparar platos a fuego lento, hacerlos al grill o freírlos (con una cantidad mínima de elementos grasos).

Su forma, una especie de sartén muy ligera, redonda y profunda con asas, hace que la cocción resulte práctica en el ahorro de tiempos (ya que facilita cocciones a punto y muy rápidas) tanto como económica (dado que insume menos cantidad de tiempo de fuego). Los orígenes de este interesante aliado nos remite a una época en que la falta de combustible obligaba a cocinar rápidamente y de una sola cocción todos los elementos; ésta es una cualidad que aún conserva y nos beneficia. Además permite remover fácilmente los alimentos evitando que se peguen o se pasen (por lo que su limpieza también resulta fácil).

Algunos accesorios que se le pueden incorporar son la tapa, una rejilla que se engancha encima, un cestillo, una cuchara de madera, palillos largos y una espumadera.

La tapa logrará mantener las proteínas, vitaminas y minerales de los alimentos. Las verduras se mantendrán crujientes, las carnes lograrán su punto justo y los pescados conservarán su frescura y sabor.

La rejilla permite escurrir frituras, mantener calientes los elementos ya cocidos, cuidar la cocción de alimentos delicados (como algunos mariscos) y hacer varios alimentos a la vez de manera diferente.

El cestillo de bambú es el complemento ideal para la cocina al vapor (simplemente vertiendo agua en el fondo del wok y tapizando las paredes del cesto con hojas verdes).

Como estamos hablando de una cocina que respeta y conserva las propiedades y virtudes de los alimentos, se trata de trabajar siempre sin la presencia de elementos metálicos, con lo cual es recomendable revolver con cucharas de madera, o , a medida que se va ganando práctica, con palillos de madera un poco más largos de los que se utilizan para comer.

La espumadera nos ayuda a la hora de servir el plato, eliminando el exceso de agua que puede haber quedado de esta cocción tan natural y sabrosa.

Los cocineros más exquisitos y exigentes se ven seducidos por las cualidades del wok y el mundo gourmet parece redescubrirlo, pero lo realmente maravilloso es que el cocinero más inexperto puede asegurarse con él excelentes resultados.

WOK

El wok es un utensilio muy importante en la cocina oriental, ya que permite cocinar ingredientes en forma rápida, económica y saludable porque tiene una gran concentración de calor en todos sus puntos. Los de hierro acumulan muy bien el calor. También los hay de chapa de acero, aluminio, teflonados, etc.

Debemos tener en cuenta que el auténtico wok es de **hierro** y para usarlo por primera vez es necesario seguir ciertos pasos (curarlo) para poder utilizarlo correctamente y que tenga una larga vida útil. Antes de comenzar les sugiero abrir bien las ventanas (o puertas) con la finalidad de que el lugar esté bien ventilado, ya que el wok va a humear y podría desprender monóxido de carbono en este proceso. Otra opción es hacerlo en una parrilla al aire libre o pedirle a algún amigo gastronómico que les haga el favor.

- Poner el wok a fuego fuerte hasta que esté bien caliente y humee.

- Lavarlo con agua y un poco de detergente con ayuda de una esponja de vajilla (nunca de metal porque lo raya). Este paso es para desprender todas las impurezas químicas que pueda tener adheridas de fábrica.
- Ponerle agua y llevarlo a fuego fuerte. Cuando hierva el agua, desecharla y secar con papel de cocina.
- Una vez seco, agregarle 200 ml (1 taza) aprox. de aceite de cocina (girasol o mezcla) y poner el wok al fuego. Cuando humee el aceite, extenderlo con cuidado, por toda la superficie interior del wok. Tirar el aceite.
- Ponerle agua al wok (sin lavarlo) y dejar que hierva. Tirar el agua y lavar el wok sin detergente ni esponjas o paños abrasiva. Secarlo con papel absorbente.
- Colocar un poco de aceite y cuando esté caliente extenderlo por el wok. ¡Ya lo tenemos listo para utilizar!

Si fuera necesario repetir el paso 4 y 5 un par de veces más. La idea es que el wok quede suave, sin asperezas.

Mantenimiento:

- Jamás lavarlo con nada abrasivo ni esponjas de metal que lo puedan rayar. Utilizar solamente detergente con una esponja suave para vajilla delicada y secarlo inmediatamente.
- No utilizar durante la cocción cucharas de metal porque lo rayan y se oxidaría.
- Si llegaran a quemar lo que cocinaron, déjenlo en remojo con agua para que se desprenda y luego lavarlo con cuidado de no rayarlo.
- Si no utilizan el wok por largos períodos conviene, después de lavarlo y secarlo bien, untarlo con un poco de aceite para evitar que se oxide.

Espero que les haya sido útil la información y que disfruten cocinar con el wok.

«Una persona siembra
un pensamiento
y recoge una acción.
Siembra una acción
y recoge un hábito.
Siembra un hábito
y recoge un carácter.
Siembra un carácter
y recoge un destino.»

Sivananda

Chow Fan de Vegetales

[Arroz salteado al wok]

Técnica utilizada: salteado al wok.
Producto principal: Arroz.
Origen: China.
Dificultad: Fácil
Porciones: 2 personas.

Ingredientes

arroz (grano largo fino)
250 gr cocido al dente
zanahorias 100 gr
chauchas 100 gr
cebollas 150 gr
cebollas de verdeo 100 gr
huevos 2

Condimentos

pimienta
sal
azúcar

Procedimiento

Cocinamos el arroz al dente.
Cortamos la zanahoria en cubitos de 3 mm x 3 mm.
Las chauchas las cortamos de 3mm de lado en cubitos (llamado en brunoise). La cebolla igualmente en pequeños cubitos de la misma medida.
Picamos bien chica la cebolla de verdeo.
Batimos el huevo en un recipiente.

Cocción

Colocamos en el wok, un chorrito de aceite neutro. Cuando esté caliente le agregamos el huevo batido, y salteamos por 15 segundos desmenuzándolo con espátula de madera o plástica (no cocinarlo demasiado) y retiramos en un plato.
Luego agregamos las zanahorias y las chauchas cortadas, siempre moviendo constantemente. Después agregamos la cebolla cortada y cocinamos otros 2 minutos y luego las cebollas de verdeo y cocinamos 1 minuto. (Toda la cocción deberá realizarse con movimientos circulares constantes y salteando. Esto evitará que se quemen las puntas de las verduras, y que se deshidraten demasiado).
Por último, el arroz cocido. Condimentamos con una pizca de azúcar, sal y pimienta a gusto. Se debe saltear constantemente dando vuelta con espátula hasta obtener un arroz con los granos bien separados.
Al final agregamos el huevo. Mezclamos bien y servimos.

Observación: Es un plato moderno donde la influencia del omelette de origen europeo está presente con la técnica del wok.
Técnica utilizada: salteado en wok.
Técnica secundaria: El omelette.
Origen: Es un plato cuyo origen es chino, que se desarrolla en Japón y llega la influencia de la cocina europea con el omelette, en una palabra es un plato fusión.
Producto principal: Arroz.
Porción: 2 personas.
Dificultad: Moderada.

Ingredientes
200 gr de carne de cerdo o pollo
100 gr de negui (cebollas de verdeo blanco)
200 gr de zanahorias
200 gr de arroz de grano largo fino cocido
6 huevos
2 tomates
hojas de perejil
50 gr de salsa de tomate
sal
pimienta sansho (pimienta japonesa) o negra, o verde
azúcar o ajinomoto (glutamato monosódico).

Omurice
[Arroz salteado, envuelto en omelette de huevo]

Procedimiento

Salteado: Tomamos un wok. Calentamos bien, agregamos un chorrito de aceite neutro; cuando esté bien caliente colocamos el cerdo cortado en cubos pequeños y salteamos por unos minutos.

Luego agregamos la zanahoria cortada en brunoise (cubos de 3 mm x 3 mm) y salteamos durante 2-3 minutos. Después le agregamos la cebolla de verdeo y seguimos cocinando por 1 minuto más.

Agregamos el arroz cocido mezclándolo bien con las verduras y por último condimentamos a gusto.

Omelettes: Tomamos una sartén y colocamos huevos revueltos con sal y pimienta sobre la sartén extendiendo toda la mezcla. Luego le agregamos el arroz salteado y lo envolvemos a modo de empanada.

Por último, lo presentamos sobre un plato y le agregamos la salsa de tomate y decoramos.

Técnica a utilizar: Salteado al wok.
Producto principal: Arroz.
Origen: Plato introducido en Japón desde China.
Dificultad: Fácil.
Porciones: 2 personas.

Yakimeshi de Cerdo

[Arroz salteado al wok]

Ingredientes

arroz (grano largo fino)
250 gr cocido
zanahorias, 100 gr
chauchas 100 gr
cebollas 150 gr
cebollas de verdeo 100 gr
carne de cerdo
(deshuesada) 150 gr
huevos 2
condimentos: sal, pimienta
ajinomoto (ó azúcar)
y salsa de soja

Yaki: saltear.
Meshi: arroz.

Procedimiento

Cocinamos el arroz al dente. (Ver receta página 117)
Cortamos la zanahoria en cubitos de 2 mm x 2 mm y chauchas en 2mm de espesor. La cebolla la cortamos en doble cicelado.
Picamos bien chica la cebolla de verdeo y el carré de cerdo lo cortamos también en cubitos pequeños.
Batimos los huevos.

Cocción

Colocamos en el wok un chorrito de aceite. Cuando esté caliente le agregamos los huevos batidos. Cocinamos 10 segundos desmenuzándolo con espátula de madera o plástica (no cocinarlo demasiado) y retiramos en un plato.
Luego colocamos un chorrito de aceite en el wok y ponemos la carne de cerdo. Cocinamos 2 minutos con mucho fuego, sellamos bien luego agregamos la zanahoria y chauchas cortadas en brunoise y cocinamos 2 minutos moviendo constantemente.
Ponemos las cebollas y cocinamos otros 2 minutos. Colocamos las cebollas de verdeo y cocinamos 1 minuto. (Toda la cocción deberá realizarse con movimientos circulares constantes y salteando. Esto evitará que se quemen las puntas de las verduras, y que se deshidraten demasiado).
Agregamos el arroz cocido. Condimentamos con el ajinomoto, sal y pimienta a gusto. Agregamos un chorrito de salsa de soja y seguimos salteando constantemente con espátula hasta obtener un arroz con los granos bien separados.
Por último, agregamos el huevo que cocinamos al principio y salteamos 1 minuto más. Servimos.

Técnica: Wok.
Dificultad: Sencillo
Producto principal: brotes de soja o porotos mung.
Origen: Es un plato originario de China. Se consume en todo Asia y sus variantes son por los productos regionales que hay en cada provincia.
Observación: La pimienta negra es suave y aromática y la blanca es picante.
Porciones: 4 personas.
Dificultad: Fácil.

Yasaitame
[Verduras salteadas al wok]

Procedimiento

Cortamos todas las verduras en juliana de aproximadamente 5 cm de largo y 3 mm de espesor.

Primero salteamos la zanahoria y las chauchas; dos minutos después agregamos la cebolla, los morrones, los hongos y las berenjenas. Dos minutos después incorporamos los brotes de soja y el hakusay y cocinamos 20 segundos.

Agregamos sal, pimienta, ajinomoto o azúcar y unas gotas de aceite de sésamo.

Servimos inmediatamente para que las verduras estén bien crocantes.

Ingredientes

2 zanahorias
100 gr de chauchas
2 cebollas
300 gr de brotes de soja
o de porotos mung
50 gr de hongos shitake
(o cualquier variedad)
100 gr de hakusay
(o repollo blanco)
1 pimiento morrón rojo,
amarillo
1 berenjena pequeña
1 chili (opcional)
1 diente de ajo (opcional)

Condimentos

pimienta negra o blanca
aceite de sésamo
azúcar o ajinomoto
(glutamato monosódico).

Consejo:

Las verduras deben estar al dente (duras en su interior) y siempre se debe salar al final para que no se deshidraten.

Los amantes de los picantes le pueden agregar un par de guindillas y ajo o chili en tiritas finitas al incorporar la cebolla ¡Queda exquisito!

Pueden cocinar también los siguientes ingredientes: zapallitos verdes, zucchinis, hinojo, setas, etc.

Porciones: 2 personas.
Origen: China.
Observación: Plato picante.
Método de cocción:
Salteado al wok.
Dificultad: Fácil.

Vegetales Picantes

[Vegetales picantes salteados al wok]

Ingredientes

200 gr de cebollas
200 gr de zanahorias
200 gr de chauchas planas
100 gr de pimientos morrón
rojo, verde, amarillo
200 gr de berenjenas
100 gr de hongos shitakes u
otra variedad de setas u hongos
200 gr de zapallitos verdes
o zucchinis
200 gr de cebollas de verdeo
blancas (negui japonés) o
comunes
200 gr de brotes de soja
2-4 guindillas rojas
2 dientes de ajo
10 gr de jengibre fresco
20 cm^3 de vino de arroz
10 gr de almidón de maíz
aceite de sésamo
sal
pimienta blanca
ajinomoto (glutamato
monosódico), o azúcar

Procedimiento

Cortamos las zanahorias en rodajas, las chauchas, los pimientos, berenjenas, zapallitos, cebollas y los hongos en cubos de 2x2 o en triángulos de una medida similar; la cebolla de verdeo al bies; el ajo, el jengibre y la guindilla en fina juliana. Tomamos un wok, colocamos aceite neutro y calentamos hasta que humee; luego agregamos las zanahorias y las chauchas y salteamos por 2 minutos más. Después le agregamos los hongos, berenjenas, pimientos, cebolla, zapallito, ajo, jengibre y la guindilla. También cocinamos por 2 minutos; después agregamos las cebollas de verdeo con los brotes de soja y salteamos por 1 minuto. Por último, condimentamos con sal, pimienta y ajinomoto o azúcar, agregamos el vino de arroz y un poco de almidón de maíz y salteamos hasta que ligue o espese. Colocamos unas gotas de aceite de sésamo y servimos.

Técnica: el wok.
Producto principal: fideos de trigo sarraceno.
Origen: Japón.
Observación: también se puede utilizar como opción otro tipo de pasta de harina de trigo.
Dificultad: Fácil.

Yakisoba
[Pasta soba salteada al wok]

Yaki: saltear.
Soba: pasta de harina de sarraceno (o alforfón).

Ingredientes

100 gr de zanahorias
100 gr de chauchas
100 gr de repollo blanco o hakusay
100 gr de brotes de soja
100 gr de morrones rojos, verdes y amarillos
50 gr hongos (opcional)
200 gr de fideos de trigo sarraceno cocidos al dente u otro tipo de pastas secas

Condimentos

sal fina
pimienta
ajinomoto o azúcar
aceite de girasol o neutro
aceite de sésamo

Opcional

En Japón se utiliza mucho la salsa tonkatsu (se puede comprar en tiendas de productos asiáticos)

Procedimiento

Cortamos todas las verduras en juliana en bastones de 5 cm de largo aproximadamente y unos 5 mm de espesor.
Saltear en un poquito de aceite neutro la zanahoria y las chauchas moviendo permanentemente con una espátula. Dos minutos después, agregamos los morrones y los hongos. Salteamos un minuto y agregamos por último los brotes de soja junto con los fideos previamente cocidos al dente.
Condimentamos con ajinomoto (o una pizca de azúcar), pimienta, sal y unas gotas de aceite de sésamo. Mezclamos bien y servimos. Condimentamos con la salsa tonkatsu.

Técnica: Salteado al wok
Origen: China.
Observación: Plato que tiene muchísimas variantes. Plato vegetariano.
Porciones: 3 a 4 personas
Dificultad: Fácil.

Chow Mien
[Pasta de trigo salteada al wok con vegetales]

Procedimiento

Cocinamos los fideos al dente, colamos bien y reservamos.

Cortamos todas las verduras en juliana de aproximadamente 5 cm de largo.

Primero salteamos las zanahorias y las chauchas dos minutos, después agregamos las cebollas, morrones, los hongos, berenjenas y brotes de bambú. Dos minutos después, las pastas blanqueadas al dente, los brotes de soja, cebollas de verdeo y el hakusay, por 2 minutos.

Por último, agregamos sal, pimienta, azúcar o ajinomoto, salsa de soja y unas gotas de aceite de sésamo a gusto, salteamos por 1 minuto más y servimos.

Muy importante: los vegetales deben estar al dente y siempre se deben salar al final.

Ingredientes

300 gr de pastas de harina de trigo tipo cinta o tagliatelli
200 gr de zanahorias
200 gr de chauchas
200 gr de cebollas
200 gr de brotes de soja
50 gr de hongos frescos
200 gr de hakusay
o repollo blanco
200 gr de pimientos morrones rojos, verdes, y amarillos
200 gr de berenjenas
200 gr de brotes de bambú (opcional)
100 gr de cebollas de verdeo
100 gr de nira o cebollín chino (opcional)

Condimentos

sal fina
pimienta de Sechuan
(o reemplazar por blanca o negra)
aceite de sésamo
salsa de soja
azúcar o ajinomoto
(glutamato monosódico)

Consejo:
Si se desea que sea un poco picante le podemos poner guindillas, chili, jalapeño, etc.
Se pueden cocinar también los siguientes ingredientes: zapallitos verdes, zuchinis, zetas, etc.

Técnica: Salteado al wok.
Origen: Toda China.
Observación: Plato vegetariano.
Porciones: 2 personas.
Dificultad: Fácil.

Delicias de Buda

[Vegetales asiáticos con tofu y fideos de arroz salteados al wok]

Ingredientes

300 gr de fideos de arroz
tipo cinta
200 gr de mini choclos
enlatados
20 gr de jengibre fresco
1 diente de ajo
30 gr de hongos de oreja
del bosque u otro
100 gr de gírgolas pequeñas
30 gr de shitake secos
previamente hidratados
150 gr de chauchas
o judías verdes
1 cebolla blanca
200 gr de harina
100 gr de cebolla
de verdeo blanco

Condimentos

1 lima (fina juliana
de cáscara de lima)
30 cm^3 de aceite de maní
o cacahuete
(opción aceite de girasol)
10 gotas de aceite de sésamo
salsa de soja
azúcar, o ajinomoto
(glutamato monosódico)
sal y pimienta

Opcional

1 tofu duro fresco
(no empaquetado)
100 gr de nueces ginko
biloba tostadas o en lata
brotes de soja,
brotes de bambú
raíz de loto, etc.

Cuenta la historia que este plato originalmente llevaba 18 ingredientes debido a los 18 discípulos de Buda. Cada discípulo tenía un ingrediente preferido y se fusionaron todos en este plato obteniendo esta riquísima combinación de sabores. En esta versión he modificado algunos de los ingredientes originales debido a que no todos se conseguían fácilmente en los países occidentales.

Procedimiento

Tofu frito: Tomamos el tofu duro y cortamos en cubos de 2x2 cm de espesor. En una sartén, agregamos abundante aceite para freír y llevamos hasta 170°. Pasamos el tofu por harina y procedemos a freírlo por 5 minutos. Luego retiramos y dejamos enfriar.

Fideos de arroz: Tomamos los fideos de arroz y dejamos en remojo por 3-4 horas. Luego en una olla con abundante agua caliente hervimos por 1-2 minutos y retiramos cortando la cocción con agua fría.

Vegetales: Dejamos en remojo los hongos secos por 5 horas y luego cocinamos durante 15 minutos.
Los choclos deben cocinarse por unos minutos y retirar.
El ajo y el jengibre los cortamos en fina juliana.
Las chauchas y las cebollas de verdeo, cortarlas al bies. Las cebollas blancas y las gírgolas en trozos de 2x2 cm.

Cocción

Tomamos un wok, agregamos abundante aceite de maní y calentamos bien. Incorporamos los choclos y las chauchas, salteamos por 2 minutos, luego agregamos los hongos, las cebollas blancas, el tofu, la fina juliana de cáscara de lima, ajo y jengibre. Salteamos por 2 minutos más. Por último, le agregamos los fideos de arroz, las cebollas de verdeo y las nueces ginko biloba. Condimentamos con sal, pimienta, salsa de soja y azúcar o ajinomoto. Finalmente le agregamos el aceite de sésamo y servimos.

Pollo con Almendras

[Pollo salteado con almendras y vegetales]

Técnica: Wok.
Origen: Cocina china cantonesa.
Observación: Plato clásico picante o suave.
Porciones: 2 personas.
Dificultad: Moderada.

Ingredientes

1 pechuga de pollo
150 gr de almendras peladas
2 dientes de ajo
40 gr de jengibre fresco
2 guindillas rojas
100 gr de chauchas
300 gr de zanahorias grandes
100 gr de raíz de bambú
(opcional)
100 gr de hongos orejas de
bosques fungu u otra variedad
100 gr de apio
1 pimiento morrón rojo, verde
y amarillo
100 gr de cebollín chino o
cebolla de verdeo

Adobo
o marinada del pollo

50 cm³ de vinagre de arroz
o de alcohol
30 cm³ de vino de arroz o jerez
50 cm³ de salsa de soja
10 gr de jengibre fresco rallado
300 gr de almidón de maíz
1 litro de aceite mezcla para freír

Salsa

100 cm³ de fondo de ave
30 cm³ de vino de arroz
30 gr de almidón de maíz
20 cm³ de jugo de limón
salsa de soja
sal, pimienta de sechúan
o blanca
azúcar o ajinomoto

Procedimiento

Pollo: Tomamos la pechuga de pollo y cortamos en trozos de 2x2 y maceramos por unos minutos en un bowl con el adobo o la marinada.

En una sartén calentamos abundante aceite mezcla para freír a 160° y colocamos el pollo previamente pasado por almidón de maíz; freímos por 5-7 minutos aproximadamente y retiramos.

Almendras: Tomamos las almendras y freímos en abundante aceite por unos minutos hasta que estén doradas y retiramos.

Vegetales: El ajo, el jengibre y la guindilla las cortamos en finas julianas.

El apio, las chauchas y las zanahorias las cortamos al bies.

Cortamos la raíz de bambú en trozos de 4 cm de largo, los pimientos morrones, en rombos o rectángulos de 3x3 cm y el cebollín en juliana de 5 cm de largo.

Los hongos fungu los dejamos en remojo en té verde o en agua por 3 horas según la necesidad hasta que queden bien tiernos o utilizamos otra variedad de hongos frescos o secos.

Cocción

Tomamos un wok y colocamos abundante aceite y calentamos bien. Colocamos las chauchas y las zanahorias, salteamos por 2 minutos, luego agregamos al wok el ajo, el jengibre, la guindilla, la raíz de bambú, los hongos, el apio, y los pimientos morrones, salteamos por 2 minutos más. Por último, le agregamos el cebollín y condimentamos con sal, pimienta y azúcar, salteamos por 1 minuto y le agregamos el vino de arroz, desglaceamos, luego incorporamos el caldo de pollo, el jugo de limón y la salsa de soja. Por último, ligamos todo con almidón de maíz y cocinamos por 1 minuto más y servimos.

Origen: Cocina china cantonesa.
Método de cocción: Wok.
Porciones: 2 personas.
Dificultad: Moderada.

Pollo con Ananá salteado al Wok

Ingredientes

1 pechuga de pollo o muslo
200 gr de ananá o piña fresca (opción en lata)
50 gr de maníes
2 dientes de ajo
40 gr de jengibre fresco
1 guindilla roja
100 gr de chauchas
300 gr de zanahorias grandes
200 gr de cebollas de verdeo
1 cebolla
100 gr de hongos frescos o secos
1 pimiento morrón rojo, verde y amarillo
1 tomate pelado y sin semilla
40 cm³ de vino de arroz (opcional jerez)
sal, pimienta
azúcar o ajinomoto

Decoración

100 gr de perejil crespo

Procedimiento

Pollo: Tomamos la pechuga de pollo y la cortamos en trozos de 2x2 cm.

Maníes Los freímos en abundante aceite por unos minutos cuando estén dorados y retiramos.

Vegetales: El ajo, el jengibre y la guindilla las cortamos en fina juliana.
Las chauchas, el pimiento morrón y las zanahorias cortarlos en láminas de 2 mm por 3 mm de largo por 2 mm de ancho al bies (corte en diagonal).
Las cebollas en cuadrados de 2x2 y el tomate (pelado) igual y por último las cebollas al bies (en diagonal).
Los hongos en pequeños bocados de 2x2 cm, al igual que el ananá.

Cocción

Tomamos un wok y colocamos abundante aceite. Cuando está caliente, colocamos el pollo y salteamos por 2 minutos, luego agregamos las chauchas y las zanahorias y salteamos por 2 minutos. Después agregamos en el wok el ananá, el ajo, el jengibre, la guindilla (cuidando de no quemarlos), los hongos, el pimiento morrón y la cebolla y salteamos por 2 minutos más. Por último ,le agregamos las cebollas de verdeo, el tomate y condimentamos con sal, pimienta y azúcar. Salteamos por 1 minuto, le agregamos el vino de arroz y servimos.

Porciones: 2 personas.
Origen: Cocina china, Sechuan o del oeste.
Observación: Plato picante, se puede preparar un poco más suave.
Método de cocción: Wok.
Dificultad: Moderada.

Pollo salteado al Wok con Maníes

[Pollo salteado al wok con maníes fritos y vegetales]

Ingredientes

1 pechuga de pollo o muslo
100 gr de maníes o cacahuates
2-4 guindillas rojas frescas o secas (según el picor que se desee)
2 dientes de ajo
10 gr de jengibre fresco
1 pimiento verde, rojo y amarillo
1 cebolla
100 gr de cebollas de verdeo
1 berenjena
50 gr de shitakes pequeños u otra variedad de hongos
20 cm^3 de vino de arroz
10 cm^3 salsa de soja
10 cm^3 de aceite de sésamo
sal
pimienta negra
azúcar o ajinomoto
30 gr de almidón de maíz

Procedimiento

Primero cortar el pollo en piezas de 2x2 cm e igual medida todos los vegetales, menos el jengibre, ajo y la guindilla que se deben cortar en fina juliana.

Por otro lado freímos el maní con abundante aceite por 1 minuto, en un wok con aceite mezcla. Retiramos y limpiamos el wok.

Tomamos un wok y le colocamos un chorro de aceite y dejamos calentar. Colocamos primero el pollo y salteamos por 2 minutos, después le agregamos todos los vegetales que cortamos junto al ajo, jengibre y la guindilla, cocinamos todo por 3 minutos a fuego máximo.

Después de cocinarlo por 3 minutos agregamos el vino de arroz, desglaseamos, luego condimentamos con sal, pimienta, ajinomoto, salsa de soja y el almidón de maíz. Cocinamos por 1 minuto hasta que el almidón de maíz ligue o espese la salsa. Por último le ponemos unas gotas de aceite de sésamo y servimos.

Técnica: Salteado al wok.
Origen: Cocina china cantonesa.
Observación: En el sur de China cada región tiene estilos diferentes.
Porciones: 2 personas.
Dificultad: Moderada.

Cerdo con Piña en Salsa Agridulce

[Salteado al wok]

Ingredientes

*400 gr de bondiola
o carré de cerdo
200 gr de piña o ananá*

Rebozado para la carne de cerdo

*1 clara ligeramente batida
100 gr de almidón de maíz
20 cm^3 de salsa de soja*

Secundarios

*1 diente de ajo
1 unidad de chili rojo
200 gr de zanahorias
200 gr de cebollas
200 gr de pimientos morrones rojos
200 gr de chauchas
1 litro de aceite*

Salsa agridulce

*100 gr de puré de tomate
50 cm^3 de vinagre de arroz o blanco
50 cm^3 de azúcar
2 cucharadas de almidón de maíz*

Condimentos

*sal
pimienta
azúcar, ajinomoto o glutamato monosódico*

Procedimiento

Cerdo: Cortamos el cerdo en rectángulos de 4 cm de largo por 1cm de ancho, luego en un bowl colocamos los ingredientes del rebozado y colocamos el cerdo unos minutos.
Por último calentamos el litro de aceite en un wok y freímos los bocados de cerdo rebozados hasta dejarlos bien crocantes.

Salsa: en una sartén colocamos todos los ingredientes de la salsa (menos el almidón de maíz) y calentamos por unos minutos. Una vez que llega al punto de ebullición le agregamos el almidón de maíz diluido en un poco de agua, para ligar la salsa y apagamos el fuego.

Cocción

Tomamos un wok y le agregamos un poco de aceite. Una vez que esté bien caliente, agregamos los vegetales y la piña cortados en dados de 2x2 cm, y el ajo y la guindilla en fina juliana y salteamos por 3-4 minutos; condimentamos. Por último, le agregamos la salsa ya ligada y el cerdo crocante. Mezclamos y servimos.

Técnica: Salteado al wok.
Origen: Cocina china cantonesa.
Observación: Plato picante
Porciones: 2 a 3 personas.
Dificultad: Fácil.

Cerdo Picante con Vegetales salteado al Wok

Ingredientes

300 gr de carré de cerdo
200 gr de cebollas
200 gr de zanahorias
200 gr de chauchas
100 gr de pimientos morrones
rojos, verdes, amarillos
200 gr de berenjenas
100 gr de hongos shitakes
u otra variedad de setas
u hongos
200 gr de zapallitos verdes
o zucchinis
200 gr de cebollas de verdeo
blanco (negui japonés.)
2 guindillas rojas
2 dientes de ajo
10 gr de jengibre fresco
20 cm³ de vino de arroz
o vino blanco
10 gr de almidón de maíz
aceite de sésamo
sal
pimienta
azúcar o ajinomoto
o glutamato monosódico

Procedimiento

Cortamos el cerdo en bastones de 3x2 cm, las zanahorias, chauchas, los pimientos, berenjenas, zapallitos, cebollas, y los hongos en rectángulos de 2x2 cm o triángulos de una medida similar, la cebolla de verdeo al bies, el ajo, el jengibre y la guindilla en fina juliana.

Tomamos un wok colocamos aceite neutro y calentamos. Agregamos primero el cerdo y cocinamos por 2 minutos, luego agregamos las zanahorias y las chauchas y salteamos por 2 minutos más. Después le agregamos los hongos, las berenjenas, los pimientos, las cebollas, zapallitos, ajos, jengibre y la guindilla. También cocinamos por 2 minutos, después agregamos las cebollas de verdeo y salteamos por 1 minuto. Por último, condimentamos con sal, pimienta y azúcar o ajinomoto, agregamos el vino de arroz y un poco de harina de maíz y salteamos hasta que ligue la salsa y servimos.

Técnica: Vapor y al wok.
Origen: Cocina china.
Observación: Versión moderna.
Porciones: 2 personas.
Dificultad: Moderada.

Queso de Pescado

[Queso de pescado salteado con vegetales al wok con salsa picante]

Ingredientes

Queso de pescado

*300 gr de filete de pescado
blanco, lenguado, brótola, etc.
1 clara de huevo
10 gr de jengibre fresco rallado
50 gr de harina de trigo
sal, pimienta
1 litro de aceite para freír*
Utensilios de cocina:
*procesadora, aceite u olla
de vapor*

Vegetales

*1 cebolla blanca
2 dientes de ajo
1 fina juliana de lima
2- 4 guindillas rojas
100 gr de hongos frescos
100 gr de cebollas de verdeo
o puerro
100 gr de pepinos chinos amargos o zucchinis o zapallitos
100 gr de zanahorias
100 gr de tomates pelados*

Salsa

*200 cm³ de fondo o caldo de
pescado blanco
30 cm³ de vino de arroz o jerez
30 cm³ de jugo de limón
2 cucharadas de curry
30 gr de almidón de maíz
50 gr de menta picada
Salsa de soja, sal, pimienta
y azúcar*

Procedimiento

Queso de pescado: En una procesadora colocamos el filete de pescado cortado fino, le agregamos el jengibre rallado fresco, la clara de huevo, harina de trigo, la sal y la pimienta a gusto y mezclamos bien hasta obtener una masa bien compacta.

Con la masa preparamos unos pequeños cilindros de 1 cm de diámetro y 4 cm de largo, pasamos por harina y freímos o cocinamos al vapor por 7-10 minutos y retiramos.

Vegetales: Cortamos las cebollas en dados de 2x2 cm, los ajos, las guindillas y la cáscara de lima en una fina juliana, los puerros al bies, los hongos en trozos pequeños, las zanahorias en pequeños bocados de 2x3 cm, los tomates pelados y sin semillas en gajos y el pepino amargo o los zucchinis en pequeños trozos de 2x3 cm.

Cocción

Tomamos un wok, colocamos aceite vegetal y calentamos. Colocamos el queso de pescado y salteamos por unos minutos, luego le agregamos las zanahorias junto a los ajos, las guindillas y la lima. Salteamos por 2 minutos más, después los hongos y los pepinos amargos y salteamos por otros 2 minutos. Agregamos el puerro y los tomates, salteamos 1 minuto y le agregamos el vino de arroz. Desglaseamos e incorporamos el caldo con el jugo de limón, sal, pimienta y azúcar. Por último le agregamos un poco de curry con almidón de maíz diluidos, ligamos la salsa y servimos.

Técnica: Salteado al wok.
Origen: Cocina china.
Observación: Plato moderno.
Porciones: 2 a 3 personas.
Dificultad: Fácil.

Ingredientes

300 gr de langostinos crudos
y limpios sin la vena
20 gr de almendras tostadas
50 gr de castañas cocidas
100 gr de chauchas planas
1 cebolla
200 gr de brote de soja
2 tomates redondos sin piel
10 gr de jengibre fresco
20 cm³ de vino de arroz
10 cm³ de jugo de limón
sal
pimienta
azúcar o ajinomoto
1 cda. de almidón de maíz

Langostinos y Vegetales salteados al Wok

Procedimiento

Cocción: Calentamos un wok con aceite neutro y colocamos en él los langostinos frescos (ya limpios) por 1 a 2 minutos según el tamaño, condimentados con sal y pimienta. Retiramos y reservamos aparte.

Calentamos nuevamente el wok con aceite neutro y salteamos las chauchas y la cebolla en cubos de 2×2, los tomates cortados en gajos y el jengibre en fina juliana. Salteamos todo por 3 minutos y condimentamos con sal, pimienta y ajinomoto o azúcar.

Por último, agregamos los langostinos cocidos, el vino, el jugo de limón y el almidón de maíz, salteamos por 1 minuto hasta que ligue la salsa y servimos.

Técnica: Salteado al wok.
Origen: Cocina china.
Porciones: 2 personas.
Dificultad: Moderada.

Ingredientes

400 gr de calamares
1 planta de apio pequeño
10 unidades de hongos
frescos
u otras variedades de setas
1 planta de cebolla de verdeo
10 tomates comunes o cherry
200 gr de chauchas
cilantro picado bien fino
sal
pimienta

Salsa

40 cm³ de salsa de ostras
vino de arroz a gusto
20 gr de azúcar
10 gr de jengibre fresco
rallado
5 gr de ajo rallado
10 gr de almidón de maíz
10 gr de salsa de soja
aceite de sésamo.

Calamar salteado al Wok en Salsa de Ostras

Procedimiento

Salsa: Tomamos una olla de mano y colocamos todos los ingredientes de la salsa menos el aceite de sésamo y reducimos por unos minutos hasta que ligue o espese la salsa y apagamos.

Calamar: Marcamos superficialmente el tubo de calamar en cuadrillé y luego cortamos en tiras.

Cocción: Calentamos un wok y le agregamos aceite neutro hasta que esté caliente y añadimos los calamares, salteamos por 1 minuto y retiramos. Luego agregamos las chauchas; después de 2 minutos, el apio y los hongos, salteamos por 2 minutos más y retiramos. Volvemos a calentar el wok y agregamos la cebolla de verdeo y los tomates cherry, salteamos por 30 segundos.

Por último incorporamos al wok los calamares con su fondo de cocción, la salsa y los hongos, las chauchas y el apio y condimentamos con sal y pimienta y unas gotas de aceite de sésamo. Servimos.

Albóndigas en Salsa Agridulce de Tomate

[Albóndigas de carne en salsa agriduce de tomate salteadas al wok]

Técnica: Wok.
Origen: Cocina china.
Observación: Plato clásico picante.
Opción: no ponerle guindillas.
Porciones: 2 personas.
Dificultad: Moderada.

Ingredientes

Albóndigas

300 gr de carne picada vacuna
1 diente de ajo rallado
1 clara de huevo
100 gr de cebollas de verdeo

Guarnición

20 gr de jengibre fresco
2-4 guindillas rojas o chili
100 gr de chauchas
300 gr de zanahoria grande
100 gr de raíz de bambú (opcional)
100 gr de hongos orejas del bosques o fungu, u otro tipo de hongos
100 gr de apio

Salsa

200 gr de puré de tomate
30 cm³ de vino de arroz
40 gr de almidón de maíz
20 cm³ de jugo de limón
salsa de soja
sal, pimienta de sechúan o común
azúcar o ajinomoto

Procedimiento

Albóndigas: Tomamos un bowl y colocamos la carne picada, la cebolla de verdeo picada, el ajo rallado, sal, pimienta y la clara de huevo. Procedemos a mezclar todo y a reservar en la heladera.

Corte de la guarnición: Tomamos las chauchas y cortamos al bies (corte en diagonal) de 3 cm de largo, lo mismo con las zanahorias, el apio, la raíz de bambú en corte de 2x3 cm aproximadamente, el jengibre y las guindillas en fina juliana.

Salsa: En una olla colocamos todo los ingredientes, mientras calentamos y mezclamos, por último ligamos con el almidón de maíz y apagamos el fuego.

Cocción

En un wok ponemos aceite. Cuando esté caliente, colocamos las albóndigas o bollos de carne con sal y pimienta por 3-4 minutos y una vez selladas o doradas agregamos vino de arroz y dejamos unos minutos más hasta que todos los líquidos se consuman. Retiramos.

Por otro lado volvemos a calentar nuevamente el wok con un poco de aceite y una vez caliente agregamos las zanahorias y las chauchas y salteamos por 2 minutos. Luego le agregamos los hongos, el jengibre, las guindilla, el apio y la raíz de bambú y salteamos por 2 minutos más.

Luego colocamos las albóndigas, condimentamos con sal, pimienta, azúcar, agregamos la salsa, salteamos unos minutos más y servimos.

OMELETTES
Y PLATOS CON HUEVO

Quien habla siembra,
quien escucha cosecha.

Proverbio japonés.

Técnica: tamago yaki.
(omelettes de huevo.)
Dificultad: Fácil.
Origen: Japón.
Producto principal: huevos.
Observación: En una de sus
versiones se utiliza para el sushi.

Tamago Yaki
[Omelettes de huevo dulce]

Ingredientes

6 huevos
2 cucharas de azúcar
1 cuchara de vino de arroz,
o vodka
sal

*La versión original se realiza en una sartén cuadrada
colocando finas capas de la misma mezcla, como si
fuera un mil hojas.*

Procedimiento

Colocamos en un bowl los 6 huevos, el azúcar, la sal y el vino
y batimos todo junto.
Pasamos toda la mezcla por un colador.
Tomamos una sartén y colocamos un poco de aceite neutro y
pasamos papel absorbente para sacar todo el excedente. Una
vez desechado el papel con el excedente de aceite calentamos
a fuego medio (muy importante que el fuego sea moderado
pues en caso contrario se quemará el omelette).
Una vez que obtengamos dicha temperatura procedemos a
colocar una capa fina de 2 mm y cocinamos hasta que esté babet (jugoso adentro), luego doblamos al medio para obtener la
forma de una media luna y servimos.

Consejo:
¿Sabías que?
Es importante siempre
que se utilicen huevos,
que éstos sean frescos
y asegurarse bien
de su procedencia,
para evitar que tengan
bacterias que puedan
transmitirse
a las personas.

Omelettes de Huevo con Langostinos

Origen: Cocina china.
Método de cocción:
Salteado al wok o grillado
en sartén.
Observación: Versión moderna.
Porciones: 2 personas.
Dificultad: Moderada.

Ingredientes

*8 langostinos frescos o 16
camarones*
*4 huevos frescos de gallina
batidos*
200 gr de cebollas de verdeo
*sal, pimienta y azúcar
o ajinomoto*
vino de arroz (a gusto)
*100 gr de perejil crespo
o común*

Procedimiento

Tomamos los langostinos, los limpiamos y pelamos; por otro lado cortamos las cebollas de verdeo en juliana de 5 cm de largo y batimos los huevos.

Calentamos un wok y le agregamos aceite; cuando esté caliente le agregamos el huevo, revolvemos bien y cocinamos por medio minuto. Lo retiramos babet (jugoso) y reservamos. Limpiamos el wok, le ponemos un chorrito de aceite y una vez caliente agregamos los langostinos o camarones limpios y pelados, salteamos por 1-2 minutos con los condimentos (sal, pimienta, ajinomoto), luego de 2 minutos agregamos las cebollas de verdeo, salteamos por unos 30 segundos más y agregamos el vino de arroz. Por último añadimos los huevos que habíamos reservado, salteamos por un minuto más y servimos decorando con una hoja de perejil.

Origen: Cocina china.
Método de cocción: pochear.
Observación: Se comen
en festividades o en ocasiones
especiales.
Porciones: 2 a 4 personas.
Dificultad: Fácil.

Ingredientes

6 huevos de gallina
50 gr de hebras de té verde
*10 gr de jengibre fresco
rallado*
20 cm³ de jugo de limón

Huevos Duros Chinos de Té Verde

Procedimiento

Tomamos una olla y colocamos en ella todos los ingredientes menos los huevos, a los que cocinaremos con su cáscara en agua hirviendo unos 5 minutos.

Una vez hechos los huevos duros, los tomamos y golpeamos suavemente agrietándolos sin que se rompan y los cocinamos en el té con jengibre a fuego muy bajo por 10 a 12 minutos según el huevo, apagamos y dejamos reposar en el líquido 2-3 horas.

Por último pelamos y servimos.

Omelettes de Huevo con Vegetales

[Omelettes de huevo con vegetales salteados al wok.]

Técnica: tamago yaki (omelettes de huevo.)
Origen: China.
Producto principal: huevos.
Porciones: 2 personas.
Dificultad: Moderada.

Tonkatsu es una salsa de origen japonés que se puede comprar en tiendas de productos asiáticos o grandes supermercados.

Ingredientes

6 huevos
sal y pimienta a gusto
1 zanahoria grande
para tornear
100 gr de perejil crespo
100 gr de zanahorias
100 gr de chauchas planas
o balín
100 gr de shitake fresco
u otro hongo fresco
100 gr de cebollas de verdeo
100 gr de brotes de soja
100 gr raíz de bambú cocido
100 gr de ketchup o salsa
tonkatsu

Procedimiento

Cortamos los vegetales en juliana en forma muy pareja y las cebollas de verdeo al bies.

Tomamos un wok y procedemos a saltear primero la zanahoria y las chauchas por 2 minutos, luego agregamos los shitake y por último las cebollas de verdeo y los brotes de soja y condimentamos con sal, pimienta negra y una gotas de aceite de sésamo. El punto de cocción debe ser al dente. Dejamos enfriar.

Una vez fríos, mezclamos los vegetales salteados con los huevos batidos y condimentamos con sal y pimienta.

Tomamos una sartén cuadrada o redonda y colocamos una fina capa de huevo revuelto con los vegetales salteados al wok y después de que se cocine lo damos vuelta como si fuera una empanada y cocinamos unos minutos más del otro lado y retiramos el omelette.

Por último presentamos en un plato con un poco de salsa tonkatsu o ketchup con una hoja de perejil.

Omelettes de Huevo con Espárragos y Panceta

Origen: Cocina china
Método de cocción: Salteado al wok o grillado en sartén.
Observación: Versión moderna
Porciones: 2 personas.
Dificultad: Fácil.

Ingredientes

12 espárragos verdes y frescos
200 gr de cebollas de verdeo
1 diente de ajo
200 gr de panceta ahumada feteada
sal, pimienta, y azúcar
o ajinomoto
50 gr de salsa de tomate
o ketchup

Procedimiento

Tomamos los espárragos, los pelamos y luego los cortamos al bies. Las cebollas de verdeo se cortan al bies (corte en diagonal), la panceta ahumada en pequeños trozos de 1-2 cm de largo. Calentamos aceite en un wok y cuando está caliente le agregamos los espárragos, la panceta y el ajo en fina juliana; salteamos por 2 minutos, luego le agregamos las cebollas de verdeo y condimentamos (sal, pimienta, ajinomoto), cocinamos por unos segundos y retiramos.

Por otro lado le agregamos un poco de aceite al wok y calentamos. Luego colocamos los huevos batidos con sal y pimienta, cocinamos por un minuto revolviendo; por último le agregamos los vegetales salteados y cocinamos por unos minutos y servimos con un poco de salsa de tomate o ketchup (versión moderna).

Origen: Cocina china
Método de cocción: Pochear.
Observación: Se comen en festividades o en ocaciones especiales.
Porciones: 3 a 4 personas.
Dificultad: Fácil.

Ingredientes

6 huevos de gallina
1 litro de agua
100 cm^3 de salsa de soja
2 dientes de ajo rallado
50 cm^3 de vino de arroz
6 unidades de anís estrellado

Huevos Duros de Salsa de Soja Chinos

Procedimiento

Cocinamos los huevos con cáscara en agua hirviendo. Tomamos cada huevo duro y lo golpeamos hasta rajarlo. Los dejamos sumergirdos en agua. Los demás ingredientes los cocinamos por 10-15 minutos a fuego muy bajo y apagamos. Por último dejamos los huevos en el mismo líquido por 2 horas, los pelamos y servimos.

FRITURAS

«Hay muchos dispuestos a meter su cuchara en la sopa, pero pocos que quieran ayudar a cocinarla.»

Proverbio chino

Spring Rolls
[Arrolladitos primavera]

Técnica: Arrolladito primavera.
Dificultad: Fácil.
Origen: China, de Pekín o del norte.
Producto principal: carne de cerdo y vegetales.
Observación: Plato que tiene muchas variantes en toda China.
Porciones: 4 personas.

Ingredientes

Relleno
150 gr de cebollas de verdeo
100 gr de repollo blanco
200 gr de carré de cerdo
10 gr de jengibre fresco rallado (opcional)
sal, pimienta y azúcar a gusto
10 cm³ de aceite de sésamo

Salsa
200 cm³ de salsa de tomate
50 cm³ de vinagre de arroz o de alcohol
20 cm³ de vino de arroz o vino blanco
10 gr de jengibre rallado
80 cm³ de azúcar o miel

Guarnición
100 gr de lechuga francesa verde y morada
2 tomates para decorar

Masa para arrolladitos primavera
harina 0000, 980 gr
almidón de maíz, 20 gr
sal fina
agua, cantidad necesaria

Procedimiento

Relleno: Tomamos el repollo blanco y lo cortamos en fina juliana. El corte debe ser parejo y bien fino.
Luego, cortamos al bies (diagonal) las cebollas de verdeo.
Procederemos a quitarle la grasa al carré de cerdo y lo cortamos en láminas (fetas) de 5 mm de espesor y posteriormente en juliana.

Cocción: Tomamos un wok y le colocamos aceite neutro. Sellamos las tiras de carré e incorporamos las cebollas de verdeo y por último, el repollo.
Es fundamental que el punto de las verduras sea al dente.
Finalmente condimentamos con azúcar, sal y pimienta. Salteamos unos segundos más e incorporamos el jengibre, 1 cucharada de aceite de sésamo y mezclamos bien.
Dejaremos enfriar el relleno antes de utilizar.

Salsa: En un azote colocamos 200 cc de puré de tomate, 1 cucharada de jengibre, 50 cm³ de vinagre blanco, 80 cm³ de miel o azúcar, una pizca de sal y pimienta. Mezclamos bien y llevamos a fuego durante 5 minutos hasta que tome consistencia.

Armado de los arrolladitos: Tomamos una de las tapas y colocamos un poco de relleno en la parte inferior.
Daremos una vuelta y doblamos hacia adentro los laterales. Luego, pincelamos con huevo batido, sobre los bordes para que se peguen. Enrollamos todos y los dejamos reposar 2 horas como mínimo en heladera.

Fritura: Ponemos el aceite mezcla en el wok. Introducimos los arrollados cuando el aceite esté a 160°C. Es muy importante respetar la temperatura, ya que si fuese más elevada, la masa se doraría demasiado y se tornaría quebradiza. El punto de cocción debe ser crocante y simultáneamente esponjoso. Tiempo de cocción 5 minutos.

Presentación del plato: Colocamos las hojas de endibias o un ramito de hojas verdes. Hacemos un espejo con la salsa y presentamos los arrolladitos cortados al bies y la salsa en una salsera pequeña.

Consejo:
Si te resulta muy difícil conseguir la masa, puedes utilizar masa filo o fina de hojaldre de 18x22, o comprar en los comercios de productos asiáticos masa de arrolladito primavera.

Técnica: Fritura.
Dificultad: Fácil.
Origen: Japón.
Producto principal: Carne de cerdo.
Observación: Puede preparar con carne vacuna o de cordero, u otra.
Porciones: 2 personas.

Tonkatsu

[Apanado o milanesa de cerdo con salsa tonkatsu con hojas verdes]

Ingredientes

400 gr de carré o bondiola de cerdo pequeño
300 gr de pan ko (pan rallado japonés) o común
2 huevos batidos
Sal, pimienta verde o de otro tipo
1 litro de aceite para freír (mezcla)

Guarnición

200 gr de nabos en muy fina juliana
200 gr de brotes de rabanitos o de alfalfa o de otro tipo
200 gr de zanahorias en fina juliana

Aderezo para la ensalada

50 cm³ de salsa de soja
50 cm³ de jugo de zanahoria
30 cm³ de miel
30 cm³ de vinagre de alcohol
50 cm³ de salsa tonkatsu (opción salsa barbacoa o salsa inglesa).

Las milanesas o apanado japonés son gruesas, de un espesor de 1- 1 1/2cm de ancho y muy tiernas.

Procedimiento

En un plato colocamos la guarnición y la aderezamos (consejo, utilizar para preparar el aderezo una minipimer de mano o una licuadora).

Cortamos el carré de cerdo en bifes de 1 cm de ancho. Condimentamos con sal y pimienta y pasamos primero por huevo y luego por pan rallado. Volvemos a repetir el paso anterior, es decir pasamos por pan rallado 2 veces y llevamos a aceite a 160° o temperatura media por 12 minutos, dando vuelta y vuelta seguido.

Una vez cocida la milanesa cortamos en tiras de 1 cm de ancho y servimos con la ensalada oriental. Acompañamos con salsa tonkatsu.

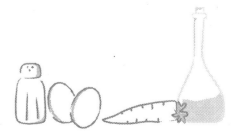

Técnica: Fritura.
Origen: China.
Producto principal: Carne.
Observación: Se puede preparar con diversos rellenos.
Porción: 4 personas.
Dificultad: Moderada.

Wan Tan Frito
[Pasta rellena de carne vacuna frita]

Los wan tan son aperitivos

Ingredientes

Rellenos

200 gr de carne de cerdo picada
200 gr de carne vacuna picada
200 gr de espinacas (opcional)
100 gr de cebollas de verdeo
10 gr de jengibre fresco rallado
1 diente de ajo rallado
sal

Salsa

100 cm³ de salsa de soja japonesa
50 cm³ de vinagre de alcohol
50 gr de cilantro picado
30 gr de jengibre
10 gr de ajo
10 cm³ de aceite de sésamo o ajonjolí
2 guindillas picadas (opcional muy picante)

Masa

500 gr de harina de trigo 0000
250 cm³ de agua caliente
sal
aceite neutro

Procedimiento

Relleno: En un bowl colocamos la carne vacuna y porcina picada, el jengibre rallado, ajo, las cebollas de verdeo y las espinacas picada. Condimentamos con sal a gusto, mezclamos todo junto y dejamos reposar por 30 minutos en la heladera.

Salsa: Colocamos 100 cm³ de salsa de soja, 50 cm³ de vinagre y una cucharada de jengibre y ajo rallado. Agregamos unas cucharaditas de aceite de sésamo y mirin o sake (licor de arroz) a gusto. Al final, le ponemos las guindillas picadas y mezclamos todo.

Masa: Sobre un bowl colocamos agua caliente, sal, aceite y harina. Empezamos a amasar hasta obtener una masa bien lisa, libre de aire.
Luego la estiramos hasta que esté bien fina y procedemos a cortar con un cortapasta las tapas de wantan de 8 cm de diámetro.

Armado: Tomamos una tapa y mojamos el contorno con agua. Colocamos un poco de relleno en el centro y cerramos el wantan con un repulgue a gusto.

Cocción

Colocamos abundante aceite y freímos los wantan por 3-4 minutos y servimos con la salsa.

Consejo:
Se pueden comprar en supermercados orientales las masas de wantan.

Técnica: Fritura.
Producto principal: ave (pollo).
Region: Japón.
Porción: 2 personas.
Dificultad: Fácil.

Torino Kara-Ague

[Pollo crocante en salsa de soja, jengibre
y cebolla de verdeo]

Ingredientes

Plato principal

*500 gr de pollo crudo (muslo
preferentemente) deshuesado
200 gr de almidón de maíz
100 cm³ de salsa de soja
japonesa
100 gr de cebollas de verdeo
20 gr de ajo
150 gr de lechuga francesa,
verde o morada
200 gr de repollo blanco y/o
colorado
1 tomate sin piel
1 lima o limón
200 gr de zanahorias ralladas
1 litro de aceite para freír*

Salsa

*1 o 2 cdas. de salsa de soja
100 cm³ de salsa de tomate
u otro similar
2 cucharadas de azúcar*

Tori: en japonés significa pollo.
Kara: significa crocante.
Ague: significa fritura liviana.
Torino kara-ague: significa pollo crocante frito.

Procedimiento

Trozamos el pollo en bocados. En un bowl colocamos la salsa de soja, cebolla de verdeo picado y ajo rallado. Mezclamos bien y dejamos reposar unos minutos el pollo en esta marinada.

Sobre un plato presentamos la guarnición de hojas enteras de lechuga, repollo cortado en fina juliana, tomate y decoramos con rodajas de pepino, el limón y las zanahorias ralladas.

En un wok colocamos cantidad necesaria de aceite neutro para freír.

Mientras va calentando el aceite, sacamos el pollo de la marinada y pasamos cada bocado por almidón de maíz. Una vez caliente el aceite, freímos los bocados de pollo unos 10 minutos, dándolos vuelta varias veces, hasta que estén cocidos y bien crocantes.

Servimos el crocante de pollo en el plato junto con la guarnición, con la salsa por encima del pollo o en un platito individual.

Método de cocción: Wok.
Origen: Cocina china.
Observación: Plato picante se puede preparar un poco más suave.
Porciones: 4 personas.
Dificultad: Moderada.

Pollo Frito al Wok
[Pollo frito salteado al wok con vegetales]

Ingredientes

1 pollo con piel deshuesado
1 clara de huevo
200 gr de almidón de maíz
20 cm³ de salsa de soja suave
10 gr de jengibre fresco rallado
2 cucharaditas de vino
de arroz
600 cm³ de aceite
mezcla para freír
2-4 guindillas rojas frescas
o secas
2 dientes de ajo
1 pimiento verde
1 pimiento rojo
1 pimiento amarillo
1 cebolla
50 gr de shitakes pequeños
u otra variedad de hongos
(opcional)
perejil o cilantro
20 cm³ de vino de arroz
10 cm³ de aceite de sésamo

Salsa

20 cm³ de salsa de soja clara
10 gr de azúcar
pimienta de sechuan o blanca
sal
20 cm³ de vinagre de arroz
(opción de alcohol)
10 gr de almidón de maíz

Procedimiento

Pollo: Tomamos el pollo entero y trozamos en pequeños bocados sin huesos.

En un bowl agregamos los pollos trozados, salsa de soja, jengibre fresco rallado y vino de arroz y dejamos macerar unos minutos.

En un wok colocamos aceite para freír, tomamos el pollo macerado y pasamos por el almidón de maíz y lo freímos hasta dorar y retiramos.

Salsa: En un bowl agregamos y mezclamos todos los ingredientes, luego colocamos todo en un wok y llevamos a reducción por unos minutos hasta que ligue o espese nuestra salsa.

Cocción

Cortamos en pequeños dados de 2x2 cm los pimientos, la cebolla y los hongos de una medida parecida.

El ajo y las guindillas las cortamos en juliana.

Tomamos un wok, agregamos aceite y calentamos bien y colocamos todos los ingredientes juntos y salteamos por 2 minutos aproximadamente. Luego le agregamos el pollo frito, salteamos por unos minutos, luego desglaseamos (es levantar todo el sabor que se adhiere a la sartén con un medio líquido, le da mejor sabor) como vino de arroz y por último le agregamos la salsa. Cocinamos por 1 minuto y servimos con unas hojas de cilantro o perejil.

Técnica: Fritura.
Origen: China.
Producto principal: Carpa, pagro, dorado. sargo. etc.
Observación: Se puede realizar con cualquier variedad de pescado blanco o de sangre azul.
Porción: 4 personas.
Dificultad: Moderada.

Kay Chup Yue
[Pescado en otra salsa agridulce]

Ingredientes

1 pescado entero de 600/700 gramos, (sargo, pagro, carpa, dorado etc.)
1 tomate picado, (sin piel, ni semillas)
2 cucharadas de piña o ananá picado
2 cucharadas de pepino picado, sin semilla
1 pimiento rojo, picado
1/2 cebolla picada
2 dientes de ajo, finamente picados
aceite para freír
almidón de maíz para rebozar

Salsa agridulce

1 cucharilta de almidón de maíz
30 cm³ de vino de arroz o vino seco blanco
70 cm³ de puré de tomate
2 cucharadas de vinagre de arroz o de alcohol
80 gr de azúcar
sal y pimienta
40 cm³ de caldo de pescado

Procedimiento

Una vez limpio el pescado, lo secamos bien por dentro y fuera, lo salamos y lo pasamos por almidón de maíz.
Cortamos superficialmente en forma de cuadrillé o en forma de rombos, como si fuera una red de pesca, pero los cortes que no lleguen a la espina, para evitar que se nos desprenda la carne.
Freimos el pescado hasta que tome un bonito dorado y servimos sobre una fuente.
Salteamos en 2 cucharadas de aceite, la cebolla y el ajo. Añadimos el tomate, la piña, el pepino y el pimiento. Salteamos todo 1-2 minutos, luego agregamos los ingredientes de la salsa, excepto el almidón de maíz. Reducimos por unos minutos y luego le agregamos el almidón de maíz para ligar o espesar.
Servimos el pescado crocante sobre una fuente, salseamos y acompañamos con arroz blanco (ver receta de gohan, página 117).

Técnica: Fritura.
Origen: Japón.
Producto principal: Trilla.
Observación: Las grillas se pueden reemplazar por besugo, pagro, etc.
Porciones: 2 personas.
Dificultad: Moderada.

Trilla Crocante en Salsa Agridulce

Ingredientes

4 trillas enteras y limpias
1 tomate picado,
(sin piel, ni semillas)
2 cucharadas de piña picada
2 cucharadas de pepino picado
1 pimiento rojo, picado
1/2 cebolla picada
2 dientes de ajo, finamente picado
aceite para freír
300 gr de almidón de maíz para rebozar

Salsa agridulce

1 cuchara de almidón de maíz
3 cucharadas de vino de arroz
3 cucharadas de puré concentrado de tomate
2 cucharadas de vinagre
3 cucharadas de azúcar
sal

Procedimiento

Limpiamos el pescado, lo secamos bien, lo salamos y lo pasamos por almidón de maíz.

Cortamos en la superficie de manera que hagamos unos rombos, pero los cortes que no lleguen a la espina para evitar que se nos desprenda la carne.

Freimos el pescado hasta que tome un color dorado y lo ponemps en la fuente de servir.

Salteamos en un wok con 2 cucharadas de aceite, la cebolla y el ajo, le añadimos el puré de tomate, la piña, el pepino y el pimiento, salteamos todo unos segundos.

Cuando empiece a hervir, agregamos el vino de arroz con el almidón de maíz y reducimos un poco hasta que la salsa ligue o espese.

Por último, servimos el pescado crocante con la salsa encima.

Técnica: Fritura.
Origen: China.
Producto principal: Pescado blanco, cerdo, y porotos negros.
Observación: Se puede variar la variedad del pescado blanco.
Porción: 4 personas.
Dificultad: Moderada.

Pescado Crujiente con Cerdo y Porotos Negros

Ingredientes

1 mero de 600-800 gr con cabeza, limpio, sin vísceras ni escamas
200 gr de almidón de maíz
aceite vegetal abundante para freír
50 gr de manteca
100 gr de panceta (tocino, bacon) en cubitos de 1/2 cm de lado
60 gr de porotos negros
2 dientes de ajo, picados
30 gr de raíz de jengibre, picadas
30 cm³ de salsa de soja
30 cm³ de puré de tomate
4 cucharitas de pasta de guindilla (opcional, o suplantar por 1-4 guindillas picadas)
60 gr de azúcar
40 cm³ de caldo de pescado
5 cucharadas de vino amarillo chino o jerez seco
2 cebollas, picadas

Procedimiento

Limpiamos y quitamos las escamas del pescado. Hacemos 6 cortes en cada lado del pescado con un cuchillo de punta. Diluimos el almidón de maíz con un poco de agua y se lo colocamos al pescado antes de freír.

Calentamos a fuego medio, con 5 cm de aceite vegetal una sartén grande en la que quepa el pescado entero.

Freímos el pescado entero de 12 a 13 minutos por cada lado, hasta que la cabeza, la cola y las espinas parezca que están bien crujientes y doradas por ambos lados y retirarmos.

Calentamos la manteca en un wok, a fuego fuerte. Cuando esté caliente, agregamos la panceta de cerdo y rehogamos 3 minutos; añadimos los porotos negros cocidos, el ajo, el jengibre, la salsa de soja, el puré de tomate, las guindillas, el azúcar, el caldo, el vino y las cebollas. Rehogamos 2 minutos o hasta que el líquido se haya reducido en una cuarta parte.

Ponemos el pescado en una sartén, colocamos la salsa, lo damos vuelta y servimos en una fuente con la salsa por encima.

Origen: Japón.
Producto principal: Calamar
Técnica: fritura.
Porciones: 2 personas.
Observación: Se puede preparar con diversas variedades de mariscos.
Dificultad: Moderada.

Kaki-Ague

[Calamar con vegetales fritos en masa de tempura]

Ingredientes

Masa
200 gr de calamar, tubo y tentáculos bien limpios y picados
200 gr de harina de trigo
100 gr de cebollas en pluma o juliana
100 gr de zanahorias en brunoisse o en cubos de 3x3 mm
100 gr de cebollas de verdeo cortadas en pequeños aros de 3 mm de ancho
1 limón
sal, y pimienta
1 litro de aceite mezcla para freír

Procedimiento

En un bowl, colocamos pequeños trozos de calamar que no superen el 1x1 cm de lado, le agregamos además las zanahorias, las cebollas y las cebollas de verdeo con la harina de trigo, sal y pimienta, mezclamos bien hasta obtener una masa pegajosa como engrudo.

En una sartén colocamos el aceite y calentamos hasta llegar una temperatura aproximada de 170° C (temperatura media para freír).

Una vez que el aceite esté caliente, incorporamos masa en forma de bollitos y cocinamos por 8-10 minutos dando vuelta y vuelta. Servimos con jugo de limón o con salsa de soja con un poco de caldo de pescado (20 cm³ de salsa de soja y 100 cm³ de caldo de pescado y una cuchara de azúcar).

Técnica: Pastas.
Origen: Japón.
Producto principal: Udon (pasta de harina de trigo.)
Dificultad: Moderada.

Tempura-Udon de Pescado

[Pasta en consomé con tempura de pescado blanco]

Ingredientes

400 gr de udon o pastas frescas de harina de trigo
200 gr de filete de pescado blanco
4 huevos
200 gr de harina de trigo 0000
10 gr de almidón de maíz
80 cm^3 de agua helada
200 gr de negui (cebolla de verdeo Japonés)

Fumet (caldo de pescado)

600 cm^3 de agua
1-2 huesos de pescado blanco (mero, besugo, salmón blanco, etc)
100 gr de zanahorias
200 gr de cebollas
200 gr de apio
2 dientes de ajo
200 gr de cebollas de verdeo o puerro

Caldo para el udon

600 cm^3 de fumet o caldo de pescado
20 gr de katsuo-bushi (bonito seco ahumado)
60 cm^3 de salsa de soja

Procedimiento

Primero tomamos una olla y preparamos un fondo de pescado; luego le agregamos el katsuo-bushi y colamos todo.

Luego le agregamos un poco de salsa de soja hasta que tome un color levemente oscuro.

Por otro lado vamos preparando una masa de tempura y freímos 5 filetes de 3x5 cm, pasando primero por harina de trigo y luego por masa de tempura.

También preparamos un omelette de huevo.

Por otro lado blanqueamos nuestras pastas en abundante agua, luego le cortamos la cocción y lavamos con agua hasta quitar todo el almidón.

Tomamos una olla de mano o azote y le agregamos nuestro caldo y las pastas. Llevamos por dos minutos a cocción.

Servimos en un domburi o plato hondo nuestro caldo y la pasta, le agregamos el tempura, el omelette de huevo y las cebollas de verdeo picado y servimos.

Observación: El tempura tiene origen en un plato marinero portugués llamado tempela.
Origen: Japón.
Producto principal: Harina y langostinos.
Técnica: Fritura liviana.
Porciones: 2 personas.
Dificultad: Difícil.

Tempura de Langostinos
[Fritura liviana de langostinos]

Ingredientes

Masa

300 gr harina de trigo 0000
10 gr almidón de maíz
cantidad necesaria de agua helada
sal
cada 1 kg de harina
8 langostinos crudos, limpios y pelados

Salsa

300 cm³ de fondo de pescado blanco
5 gr de hondashi o dashinomoto
30 cm³ de salsa de soja japonesa
40 cm³ de mirin (vino de arroz dulce)

Varios

1 litro de aceite mezcla para freír
sal
100 gr de nabo (daikon) rallado
20 gr de jengibre fresco rallado

Procedimiento

Masa: Ponemos en un bowl un poco de agua helada, agregamos un poco de harina de trigo, almidón de maíz y una pizca de sal. Revolvemos lentamente hasta obtener una masa similar a la de panqueques pero un poco más dura.
Limpiamos los langostinos y les hacemos un corte longitudinal por el centro en forma de mariposa.

Salsa: Hacemos un fondo de pescado (300 cm³) y cuando el caldo esté en el punto de ebullición le agregamos el katsuo-bushi por unos segundos y colamos todo.
Agregamos al caldo obtenido (30 cm³) de salsa de soja y 40 cm³ de mirin. En el momento de servir le colocamos jengibre y nabo rallados.

Fritura: La temperatura del aceite debe estar a 168°-170° constantemente.
Pasamos los langostinos limpios y condimentamos con sal y pimienta por harina de trigo y luego por la masa y freímos unos 5 minutos. Por último, servimos acompañando aparte con la salsa de jengibre y nabo rallado.

Consejo:
Las frituras deben quedar bien blancas, crocantes y libres de aceite.

Observación: Se puede realizar con otros tipos de mariscos.
Origen: Japón.
Producto principal: Langostinos.
Técnica: Fritura crocante.
Porciones: 2 personas.
Dificultad: Moderada.

Ingredientes

10 langostinos, crudos, limpios, y eviscerados
500 gr de pan ko (pan rallado japonés) o pan rallado
2 huevos
1 litro de aceite para freír (aceite tipo mezcla)
sal, y pimienta

Guarnición

100 gr de lechuga
200 gr de repollo blanco
2 tomates

Salsa

50 cm^3 de salsa de soja
100 cm^3 de puré de tomate
20 cm^3 de vinagre de arroz o alcohol
10 gr de jengibre rallado
50 gr de azúcar

Ebi Fried

[Langostinos apanados]

Procedimiento

Tomamos los langostinos limpios condimentados con sal y pimienta y los pasamos por huevo batido, luego por el pan ko o pan rallado y dejamos reposar en frío.

En una pequeña olla colocamos todos los ingredientes de la salsa y dejamos reducir unos 5-10 minutos, hasta que quede bien espesa o ligada.

Calentamos el aceite hasta llegar a una temperatura de 170° C aproximadamente y freímos los langostinos por 2-3 minutos y escurrimos.

En un plato colocamos las hojas de lechuga, el repollo cortado en fina juliana y los tomates cortados en gajos o a gusto de cada comensal. Luego agregamos los langostinos y colocamos la salsa. Acompañamos con arroz blanco.

Consejo:
Si se prefiere, la salsa se puede reemplazar por jugo de limón o salsa inglesa.

Origen: Japón.
Producto principal: Calamar.
Técnica: Fritura crocante.
Porciones: 2 personas.
Observación: Se puede preparar con otros tipos de mariscos.
Dificultad: Moderada.

Ingredientes

2 tubos de calamar
200 gr de harina de trigo
400 gr de panko o pan rallado
sal y pimienta
1 litro de aceite
200 gr de zanahorias
200 gr de nabos
100 gr de pepinos
50 gr de salsa tonkatsu (salsa similar a la salsa inglesa)

Ika Fried

[Aros de calamar fritos con guarnición de vegetales en salsa tonkatsu]

Procedimiento

Tomamos el tubo de calamar, cortamos en rodajas de 1/2 cm de ancho, luego condimentamos con sal y pimienta.

Preparamos un engrudo con el agua y la harina y colocamos el calamar cortado. Luego lo pasamos por pan rallado y freímos en abundante aceite (máximo 5 minutos).

Tomamos las zanahorias y los nabos, cortamos en fina juliana; una vez cortadas dejamos en agua para hidratar por 10 minutos.

En un plato colocamos las zanahorias y los nabos bien escurridos, los pepinos en finas rodajas y hojas verdes a gusto. Condimentamos con salsa de soja y aceite de sésamo.

Servimos los aros de calamar con la guarnición y la salsa tonkatsu.

Observación: El tempura tiene origen en un plato marinero portugués llamado tempela.
Origen: Japón.
Producto principal: Vegetales.
Técnica: Fritura liviana.
Porciones: 2 a 3 personas.
Dificultad: Moderada.

Ingredientes

100 gr de zanahorias
50 gr chauchas
50 gr de hongos shitake u otra variedad
1 pimiento morrón rojo
1 berenjena
1 cebolla
1 batata

Masa

300 gr harina de trigo 0000
10 gr almidón de maíz
cantidad necesaria de agua helada
sal
huevo (opcional)

Salsa

300 cm³ de fondo o caldo de pescado blanco
5 gr de dashinomoto (caldo en polvo de bonito ahumado)
50 cm³ de salsa de soja japonesa
30 gr de azúcar
10 cm³ de sake u otra variedad de vino de arroz
1 litro de aceite mezcla para freír
100 gr de fideos de arroz

Tempura de Vegetales
[Fritura liviana de verduras]

Procedimiento

Masa: Ponemos en un bowl agua helada, agregamos un poco de harina de trigo, almidón de maíz y una pizca de sal. Revolvemos lentamente hasta obtener una masa similar a la de panqueques, un poco más dura.

Cortes: Chauchas, zanahorias y la berenjena, cortados en juliana de 5 cm.
Shitake u otra variedad de hongos, enteros.
Morrón cortado en forma de rombos o cubos de 4 cm.
Cebolla cortada en pluma.
Batata, en láminas finas tipo chip.

Salsa: Hacemos un fondo de pescado (300 cm³) y cuando el caldo esté en el punto de ebullición le agregamos el hondashi y obtenemos nuestra base. Luego le agregamos la salsa de soja, azúcar, sake y servimos con el tempura.

Fritura: La temperatura del aceite debe estar a 168°C-170°C constantemente.
Pasamos los vegetales por la masa y los freímos aproximadamente 5 minutos.
Importante: Las frituras deben quedar bien blancas, crocantes y libres de aceite.
Por último, freímos los fideos de arroz. Apenas se inflen los retiramos y escurrimos. Se presenta el tempura decorado con los fideos de arroz y acompañado de la salsa en una salsera.

Consejo:
¿Cómo comer el tempura?
Tomamos un bocado, lo mojamos sin soltarlo dentro de la salsa un segundo y ¡listo!
Si no te agradara comerlo con la salsa, hazlo solo o con un poquito de jugo de limón.

FONDUES
ORIENTALES

SALSA DE SOJA

Es el condimento básico de la cocina japonesa y china. Existen muchas variedades y calidades. Básicamente podríamos decir que está hecha de brotes de soja, trigo y sal.

En algunos países se encuentra la salsa de soja **fuerte u oscura**, que es la que se utiliza en la mesa como condimento, y la salsa de soja **suave**, la utilizada para cocinar. Si no es posible conseguir ambas, la de mesa también se puede utilizar para cocinar.

Lo importante es tratar de tener una salsa de soja de buena calidad, ya que el sabor entre una calidad y otra es muy diferente, cambiando también el sabor de los platos que se prepararían luego. En el mercado se consiguen salsas de buena calidad y a un buen precio. En los comercios de productos orientales tal vez son más fáciles de conseguir y con mayor variedad. Generalmente, en las grandes cadenas de supermercados también tienen en el sector de productos importados, varias opciones buenas de salsas de soja e inclusive reducidas en sodio (sal).

«El mundo es como una olla
y el corazón es la cuchara;
según como lo muevas,
la comida saldrá buena o mala.»

(Dogen)

Técnica: Fondue.
Origen: China.
Producto principal: varía según la región.
Observación: Este plato tiene origen en Mongolia y llega a China, Corea, y Japón. Es un plato de regiones de clima muy frío.
Porción: 4 personas.
Dificultad: Moderada.

Shabu Shabu

[Fondue de carne vacuna, vegetales y pastas]

En Oriente este plato, al igual que otras fondues, se cocinan en la mesa, en sartenes eléctricas especiales para ese fin.

Ingredientes

400 gr de bife de chorizo (colocar film y llevar a una temperatura de -3° C)
1 unidad de hakusay (lechuga arrepollada china)
1 paquete de pak choi o espinaca común
200 gr de cebollas de verdeo
1 cebolla
100 gr de brotes de soja
200 gr de pastas lamien o de harina de trigo tipo spaguetti
1 tofu fresco
100 gr de hongos shitake u otra variedad frescos
100 gr de brote de bambú (opcional)
salsa de soja

Salsa

2 guindillas bien picadas (opcional)
100 cm³ de vinagre de arroz o de alcohol
100 cm³ de salsa de soja
50 gr de pasta de sésamo (tahina), opcional
4 dientes de ajo bien rallados
50 gr de cilantro picado o cebollas de verdeo

Procedimiento

Ponemos la carne previamente en un congelador a -3° C. Cortamos láminas delgadas, igual que el carpaccio.
Cortamos las hojas verdes en trozos grandes.
ATENCIÓN: Las espinacas y el berro no se deben cortar.
Cortamos las cebollas de verdeo al bies, de unos 12 cm de largo, la cebolla en pluma de 1cm de ancho.
Cortamos el tofu en forma de dados de 2x2 cm por lado.
Blanqueamos o hervimos las pastas, dejándolas semicrudas.
Presentamos todas las verduras, pasta y la carne en una fuente bien decorada.

Salsa: Colocamos en una salsera salsa de soja, cebolla de verdeo picada chica, ajo rallado, pasta de sésamo, vinagre de arroz y cilantro picado.

Cocción

Tomamos una cazuela china o española y colocamos dentro de ella 1 litro de agua y 40 cm³ de salsa de soja, llevamos sobre el quemador y lo prendemos.
Una vez que llegue al punto de ebullición se puede empezar a colocar los ingredientes deseados según el gusto de cada comensal y una vez cocidos pasar por la salsa y servir.

Consejo:
La fondue china se acompaña siempre con arroz blanco (ver receta de gohan en la página 117).

Sukiyaki
[Fondue de carne vacuna y verduras]

Ingredientes

*300 gr carne vacuna (lomo,
ojo de bife o bife de chorizo),
envuelto en papel film bien
compacto, y llevado a punto
nieve (-3° C)
20 gr de grasa vacuna
8 hojas de hakusay
(lechuga arrepollada japonesa),
o repollo blanco
1 planta de pak choi
(espinaca oriental)
otra de las opciones para
remplazar el pak choi son:
hojas verdes (berro, espinaca)
200 gr de cebollas de verdeo
1 cebolla
100 gr de fideos de arroz
(harusamé)
200 gr de udon (pasta
japonesa a base de harina
de trigo), o pasta de trigo
100 gr de tofu (queso de soja)
50 gr de hongos shitake
frescos u otra variedad*

Salsa

*200 cm³ de fondo o caldo
de pescado blanco
400 cm³ de salsa de soja
japonesa
5 gr de dashinomoto u
hondashi (caldo en polvo
de bonito seco y ahumado)
250 gr de azúcar blanca
50 cm³ de mirin, sake o vino
blanco seco
1 huevo por cada comensal*

*Se dice que su origen es mongol. No hay que olvidar
que los mongoles son famosos por los platos con
carne (tartar de carne). Los tártaros se unificaron
con el pueblo mongol y formaron el imperio más
grande de la historia bajo el famoso Gengis-kan
que llevó su imperio más allá del río Danubio,
tomando Asia Menor actual, pueblos árabes
e inclusive llegó a invadir Japón. Se dice también
que la hamburguesa, al igual que muchos platos
asiáticos actuales, tienen origen mongol.*

Procedimiento

La carne: Darle forma cilíndrica y envolverla en film. Llevar a
-3° C para poder cortar láminas muy delgadas, igual que los
carpaccio y presentar en un plato playo.
Cortamos las hojas verdes en trozos grandes.
ATENCIÓN: Las espinacas y el berro NO se deben cortar. Solamente descartamos los tallos.
Cortamos las cebollas de verdeo al bies (corte en diagonal), de
unos 10 cm de largo.
Cortamos la cebolla en pluma de 1cm de ancho.
Cortamos el tofu en forma de dados de 2x2 cm de lado.
Otra variante de tofu es frito (freír pequeñas láminas cortadas
en triángulos de 1 cm de ancho; pasamos por harina de trigo y
freímos en aceite mezcla por 7 minutos).
Blanquear aparte las pastas previamente. dejándolas semicrudas. También dejar en remojo los fideos de arroz por 8 horas.
El hakuzay o el repollo cortarlo en pequeños cortes de 2 cm
de ancho. Presentamos todo en una fuente bien decorada.

Salsa: sobre los 200 cm³ de fondo de pescado agregamos el
hondashi o dashinomoto y pasamos todo por un colador.
Agregamos 400 cm³ de salsa de soja sobre la base de pescado. Luego, colocamos 250 gr de azúcar blanca y el sake.
Dejar 2 minutos a fuego lento hasta reducir el azúcar.

Cocción

Tomamos una paellera y colocamos primero la grasa vacuna, nunca aceite, junto con la cebolla de verdeo y rehogamos unos minutos. Luego colocamos la carne cortada y la sellamos bien durante un minuto. Ponemos la salsa agridulce, la cebolla y por último agregamos los demás ingredientes dándoles buena presentación.

Batir un huevo crudo sobre un pequeño bowl (en él se mojarán los ingredientes cocidos en la salsa).

El sukiyaki siempre se acompaña con gohan (arroz cocido blanco neutro. Ver receta de gohan en la página 117).

Una vez que todos los ingredientes están cocidos, con un par de ohashi (palitos japoneses) tomamos por ejemplo un corte de carne, lo pasamos por el huevo y lo comemos. Aompañamos con el arroz blanco para neutralizar el sabor agridulce.

Consejo:
Si no consiguen udon lo pueden reemplazar por fideos al huevo similares a los fetuccini. No olviden de cocinarlos previamente dejándolos al dente. Otras de las opciones para remplazar el pak choi o espinaca oriental son: espinaca, berro, acelga.

Udon Suki

[Fondue de pastas de harina de trigo, de sarraceno y de arroz de la familia de los nabemono]

Técnica: Fondue.
Producto principal: pasta de trigo, soba (harina de sarraceno) y de arroz.
Origen: Japón.
Observación: Las pastas pueden variar y es un plato de invierno.
Porción: 4 personas.
Dificultad: Moderada.

Nabemono: Nabe: cazuela
Mono: cosa alusiva a los productos.

Ingredientes

300 gr de udon (pasta japonesa de harina de trigo, o de otra variedad
300 gr de soba (harina de trigo sarraceno)
300 gr de arroz
1 litro de fondo o caldo de pescado blanco
70 cm³ de salsa de soja
15 gr de hondashi (caldo en polvo de bonito ahumado)

Salsa

200 gr de salsa de soja
200 gr de cebollas de verdeo
200 gr de jugo de limón
200 gr de tenkatsu (bolitas de harina y agua fritas)
200 cm³ del mismo caldo de la fondue

Procedimiento

Blanqueamos todas las pastas previamente dejándolas semicrudas y presentamos en una fuente.

Salsa: Colocamos en un bowl jugo de limón, salsa de soja, cebollas de verdeo picadas chicas, el tenkatsu (preparamos una masa con agua, harina y sal, punto de la masa del panqueque, en aceite caliente salpicar la masa sobre la sartén, para obtener las bolitas de harina, cocinar 2-3 minutos) y servimos la salsa en compoteras.

En el centro de la mesa, colocamos sobre un quemador una cazuela, y en ella, el caldo de pescado, la salsa de soja y el hondashi y reducimos todo por 5 minutos.

Luego agregamos las pastas en la cazuela que desee cada comensal. Cocinamos por 4-5 minutos y pasamos por la salsa.

Técnica: cazuela (nabemono).
Producto principal: varían según la región.
Origen: No hay una región característica pues varía su sabor por los productos de cada provincia. Por ejemplo en el norte de Japón, Hokkaido son muy famosos los nabemono de truchas.
Porción: 4 personas.
Dificultad: Fácil.

Yosenabe

[Cazuela de carne de ave, cerdo, pescados, vegetales y pastas]

Nabemono: Nabe: cazuela.
Mono: cosa alusiva a los productos.

Ingredientes

200 gr de carne de cerdo (carré)
200 gr de carne de ave
(pollo, codorniz, faisán, etc)
200 gr de filete de pescados blancos
cantidad o gusto de mariscos: pulpo, calamar, bivalvos, langostinos frescos, etc.
400 gr de hakusay (lechuga arrepollada japonesa)
200 gr de pak choi o espinaca oriental
200 gr de otras hojas verdes (berro, espinaca, etc.)
1 cebolla de verdeo.
200 gr de brotes de soja
200 gr de fideos de arroz (harusamé)
200 gr de fideos de trigo sarraceno (udon o soba, u otro tipo de pastas)
200 gr de tofu
agua, cantidad necesaria

Salsa

100 gr de cebollas de verdeo
100 cm³ de jugo de limón
200 gr de salsa de soja
100 gr de jengibre fresco rallado

Procedimiento

Ponemos la carne previamente en un congelador a -4°C para poder cortar láminas delgadas, igual que el carpaccio.

Trozamos las aves en pequeños bocados (previamente deshuesados).

Ídem los mariscos (sacarle a los langostinos el aparato digestivo y reproductor).

Colocamos los bivalvos con y sin conchas.

Cortamos las hojas verdes en trozos grandes.

ATENCIÓN: Las espinacas y el berro NO se deben cortar.

Cortamos las cebollas de verdeo al bies, de unos 12 cm de largo, la cebolla en pluma de 1 cm de ancho y el tofu en forma de dados de 2 cm de lado.

Blanqueamos las pastas previamente dejándolas semicrudas y presentamos todas las verduras y la carne en una fuente bien decorada.

Salsa: Colocamos en una compotera una parte de jugo de limón, el doble de salsa de soja, cebollas de verdeo picadas chicas, y un poco de jengibre rallado.

Cocción

Colocamos los ingredientes principales en una cazuela o sartén profunda. Los cubrimos con agua al ras. Cocinamos a fuego moderado hasta que estén cocidos los pescados, aproximadamente unos 8 minutos. Para comer, se toman los bocados que nos gustan, los colocamos en la salsa y los vamos comiendo, así sucesivamente con todos los bocados que vamos tomando de la cazuela.

El yosenabe se acompaña siempre con gohan (arroz blanco, ver receta en página 117).

Consejo:
Si utilizan fideos de arroz, ponerlos en la cazuela 2 minutos antes que estén cocidos los pescados, ya que son muy tiernos y se cocinan muy rápido.

PASTAS

«Aprende a diferenciar
el viento de la brisa, y podrás
equilibrar la balanza.»

Proverbio chino

Lamen o La Mian

[Pastas chinas en caldo de pollo y cerdo]

Técnica: Pastas en caldo.
Producto principal: Pastas, caldo de ave y jamón de hunan.
Origen: China.
Porción: 2 a 3 personas.
Observación: Son las pastas más populares de China.
Dificultad: Moderada.

Ingredientes

Fondo o caldo de pollo

1 carcaza de pollo
800 gr de hueso de cerdo
200 gr de zanahorias
200 gr de cebollas
100 gr de cebollas de verdeo blanco o negui
100 gr de apio (opcional)
2 dientes de ajo
20 gr de jengibre fresco
1 guindilla o chili
granos de pimienta de sechuan
4 cucharadas de vino de arroz
sal
aceite de sésamo

Pastas de huevos fritos tipo lamen o ramen

400 gr de harina de trigo
4 huevos
sal o 2 paquetes de lamen (se compra en supermercados de productos orientales)

Guarnición

4 huevos duros de codornices o 2 de pollo
200 gr de hakusai o repollo blanco o espinaca, etc.
100 gr de cebollas de verdeo
100 gr de brotes de soja
100 gr de zanahorias en juliana
100 gr de lomito o jamón (opcional)

Procedimiento

Fondo: En una olla se colocan 4 litros de agua. Cuando llegue a su punto de ebullición se le agregan los huesos de ave y de cerdo (previamente lavados con abundante agua caliente). Dejamos reducir por 2 horas a fuego muy bajo retirando la espuma que se vaya formando.

Pasadas las 2 horas le agregamos los vegetales (zanahorias, cebollas de verdeo, el ajo, el jengibre, las guindillas), los granos de pimienta de sechuan o blanca y el vino de arroz y llevamos a reducción una hora más: en total 3 horas. Normalmente reduce el 35% de agua original es decir van a obtener unos 2,5 litros de fondo. Por último pasamos todo por un chino o colador con un lienzo y colocamos sobre una olla y agregamos sal a gusto y unas gotas de aceite de sésamo.

En una olla blanqueamos las pastas y las dejamos un poco crudas y les cortamos la cocción con agua fría. Dejamos reposar y secar.

Tomamos una olla y colocamos el caldo obtenido, llevamos a punto de ebullición y le agregamos las pastas calientes, los brotes de soja y zanahorias de la guarnición. Llevamos a cocción por 1-2 minutos más.

Por último, sobre un plato hondo chino servimos primero el caldo con las pastas, le agregamos el jamón o lomito, los vegetales, la cebolla de verdeo cortada bien fina y los huevos duros de codornices, con 10 gotas de aceite de sésamo y servimos.

Técnica: Pastas.
Producto principal: Udon (pastas de harina de trigo).
Origen: Japón.
Observación: El togarashi o ají molido es opcional.
Dificultad: Moderada.

Su Udon

[Pasta con consomé de bonito ahumado]

Ingredientes

400 gr de udon o pastas frescas de harina de trigo grande y de forma cuadrada
200 gr de negui (cebolla de verdeo)

Fumé
(caldo de pescado)

600 cm³ de agua
1-2 huesos de pescado blanco (mero, besugo, salmón blanco, etc.)
100 gr de zanahorias
200 gr de cebollas
200 gr de apio
2 dientes de ajo
200 gr de cebollas de verdeo o puerro

Caldo para el udon

10 gr de hondashi o dashinomoto (caldo en polvo de bonito ahumado opcional)
50 cm³ de salsa de soja o soya
20 gr de togarashi (ají molido japonés) o ají molido

Procedimiento

Primero tomamos una olla y preparamos un fondo de pescado; luego le agregamos el dashinomoto.

Luego le agregamos la salsa de soja hasta que el caldo tome un color levemente oscuro.

Por otro lado blanqueamos nuestras pastas en abundante agua y luego le cortamos la cocción, lavamos con abundante agua fría hasta quitar todo el almidón.

Tomamos una olla de mano o azote, le agregamos nuestro caldo y las pastas y llevamos dos minutos a cocción,

Ponemos en un domburi (o en un plato hondo) nuestro caldo con las pastas, le agregamos cebolla de verdeo picada y servimos.

SOPAS

«El arte de vivir consiste,
únicamente, en proceder
con sencillez.»

(I Ching)

Técnica: Consomé con pastas rellenas.
Origen: Cantón o del sur de China.
Producto principal: Consomé de pollo.
Observación: Plato muy popular de la cocina china.
Porciones: 6 personas.
Dificultad: Moderada.

Wan Tan Sopa de Carne vacuna

[Sopa con wantan de carne y vegetales]

Ingredientes

Fondo (caldo de pollo)

1 hueso de pollo o gallina
400 gr de huesos de cerdo
100 gr de puerros o cebollas de verdeo
100 gr de zanahorias
100 gr de cebollas
2 dientes de ajo
1 chili rojo
30 gr de jengibre fresco
5 cucharadas de vino de arroz
5 gotitas de aceite de sésamo
sal y pimienta
4 litros de agua

Relleno del wantan

400 gr de carne picada
100 gr de cebollas de verdeo picadas
20 gr de cilantro (opcional)
1 diente de ajo rallado
1 cucharadita de aceite de sésamo (opcional)
sal
pimienta

Masa de wantan

36 tapas de wantan (se compran en los comercios asiáticos preferentemente chinos). Pueden ser remplazadas por masas de empanadas de copetín (redondas) de unos 8 cm de diámetro, tipo sorrentinos, pero estirarlas un poco más finas

Guarnición

200 gr de zanahorias
200 gr de repollo blanco o hakusai
1 planta de puerro
1 cebolla de verdeo
4 unidades de huevos duros de pollo o de codorniz

Procedimiento

Fondo o caldo de pollo: En una olla colocamos agua y una vez que hierve agregamos los huesos de ave y de cerdo previamente pasados por agua caliente.

Luego le agregamos los vegetales y dejamos reducir muy lentamente a fuego mínimo por 3 horas limpiando esporádicamente con una espumadera. Si hiciera falta podemos ir agregando un poco de agua durante la cocción.

Después de las tres horas, pasamos todo por un colador chino y luego por un lienzo; se coloca el fondo (caldo) obtenido en una olla y se le agrega la sal, la pimienta y por último unas gotas de aceite de sésamo.

Relleno del wantan: Sobre un bowl colocamos la carne picada, las cebollas de verdeo picada, el cilantro picado; el ajo y el jengibre fresco rallado, y por último el aceite de sésamo, la sal y la pimienta. Mezclamos todos los ingredientes. Dejamos reposar en la heladera por 30 minutos.

Armado: Una vez armada la masa y estirada, la cortamos en forma redonda de 6-8 cm de diámetro y procedemos al armado de los repulgues que son muy variados; así que es a gusto, pero es muy importante que sea muy fina la masa.

Guarnición: Colocamos la col china o el repollo en una olla con el caldo de pollo, la cocinamos por 2-3 minutos no más, hasta que el punto de cocción esté al dente. Ponemos la zanahoria previamente torneada o en juliana. Una vez cocida reservamos en otro recipiente.

Cocción

Colocamos nuevamente el caldo en el fuego y cuando hierva colocamos los wantan y cocinamos por unos 6-7 minutos.

Por último presentaremos sobre un plato hondo: primero colocamos en forma de aro la col china, los huevos de codornices (el ideal serían huevos de codornices de mil años).

Luego alrededor los wantan en forma simétrica y la zanahoria.

Por último, colocamos el consomé bien limpio, decantado y filtrado, con la cebolla de verdeo.

Técnica: Sopa.
Origen: China.
Producto principal: Tomate y huevos.
Observación: Se le pueden agregar otros vegetales como choclos, etc.
Porción: 4 personas.
Dificultad: Fácil.

Ingredientes

600 gr de tomates limpios, sin piel ni semillas
3 huevos
200 gr de cebollas picadas o doble cicelado
1 diente de ajo
100 gr de cebollas de verdeo
600 cm³ de caldo de ave o pollo
30 cm³ de vino de arroz o vino blanco
sal. pimienta, ajinomoto o azúcar
aceite neutro (girasol o maíz)

Sopa de Tomate y Huevo

Procedimiento

Cortamos los tomates en cubos pequeños o concassé, las cebollas picadas o doble cicelado, el ajo picado y las cebollas de verdeo picadas.

En un wok colocamos un poco de aceite neutro y agregamos las cebollas picadas y pochamos con un poco de sal y pimienta por 3-5 minutos.

Luego agregamos los tomates concassé o picados con el ajo picado y pocheamos por 3-5 minutos más.

Después de tener las verduras bien cocidas desglaseamos con sake (desglasear es levantar todo el fondo de cocción o sabor y asegurar que se queme todo el alcohol, con la llamarada que se generará), luego agregamos el caldo de ave, condimentamos con sal y pimienta y por último agregamos el huevo batido en forma de hilo revolviendo a la vez.

Cocinamos 1 minuto más y agregamos las cebollas de verdeo picadas y servimos.

Técnica: Consomé.
Producto principal: Miso: pasta de porotos de soja o arroz fermentado.
Origen: Japón.
Característica: Acompañamiento (ideal para el sushi).
Porciones: 4 personas.
Dificultad: Fácil.

Ingredientes

300 cm³ fumé o caldo de pescado blanco.
10 gr de katsuobushi o
10 gr de dashinomoto
40 gr de miso a gusto (shiromiso, akamiso, kuromiso)

Guarnición

50 gr tofu
50 gr de cebolla de verdeo o negui (variedad Japonesa)
10 gr de wakamé seco (alga marina), opcional

Misoshiru

[Consomé de miso (pasta de porotos de soja)]

Procedimiento

Sobre el fumé de pescado blanco agregamos dashinomoto o katsuobushi. Luego agregamos el miso y cuando esté por hervir pasamos todo por un colador chino o un tamiz.

Presentación: Sobre una cazuela colocamos el consomé caliente. Agregamos pequeños daditos de tofu, un poco de cebolla de verdeo picada, algas wakamé hidratadas y servimos.

Consejo:

En los supermercados se consiguen diversas variedades de miso: blanco, rojo o negro. El blanco es el más suave de sabor, siendo el más fuerte el negro. Si vas a probar por primera vez, te recomiendo comenzar por el blanco.

Delicias de Buda
[Vegetales asiáticos y fideos de arroz salteados al wok]

Yakisoba

[Pasta soba de trigo salteada al wok]

Omurice
[Arroz salteado, envuelto en omelette de huevo]

Spring Rolls
[Arrolladitos primavera]

Yakimeshi de cerdo

[Arroz salteado al wok con cerdo y vegetales]

Torino Kara-Ague

[Pollo crocante en salsa de soja,
jengibre y cebolla de verdeo]

Tempura
[Fritura liviana de vegetales, pescados y mariscos]

Wan Tan
[Sopa con pastas rellenas y vegetales]

Sukiyaki

[Fondue de carne vacuna y verduras]

Teriyaki
[Pescado laqueado a la parrilla]

Muslim Chicken Curry
[Pollo al Curry tipo Madsaman (curry tostado)]

Yakitori
[Pequeñas brochettes de ave]

Gyoza

[Pasta rellena con carne de cerdo o vacuna, con vegetales, aromatizada en salsa de soja, jengibre y sésamo]

California Rolls
[Técnica de Makisushi con el alga invertida]

Futomaki
[Roll Grande Japonés]

VAPOR

En la cocina asiática veremos que se utiliza mucho la cocción al vapor. La misma es un método muy sano, ya que permite conservar los aromas, sabores, color y propiedades nutritivas de los alimentos. Las ollas vaporieras constan de 2 o más pisos donde en la base se coloca agua o caldo y en los pisos siguientes los alimentos a cocinar. Existen en el mercado diversas clases de vaporieras: de bambú, de aluminio, de acero, de vidrio, etc. También son aptas las ollas a presión.

Este sistema de cocción se utiliza para cocinar verduras, hortalizas, arroz, pastas, carnes o pescados. Las carnes y pescados pueden cocinarse al vapor rociadas o marinadas previamente con una mezcla de especias.

La cocción al vapor es ideal también para aquellas personas que realicen dietas bajas en grasa o en colesterol, ya que los alimentos se cocinan en su propio jugo, reteniendo además sus sales minerales y vitaminas.

«Avanza despacio y llegarás pronto.»

Proverbio Oriental

Técnica: masa dulce cocida al vapor.
Origen: Pekín o del norte.
Producto principal: harina, carne vacuna y de cerdo y 5 especias.
Dificultad: Moderada.

Man Tou
[Pan chino relleno]

Ingredientes

Masa

500 gr de harina de trigo
25 gr de levadura
200 gr de azúcar
1/2 clara de huevo
160 cm³ de leche
1 cucharada de aceite neutro de primera prensada

Relleno

400 gr de carne vacuna o de cerdo picada
100 gr de cebollín chino picado fino
1 cucharada de 5 especias
1 cucharadita de azúcar
cuchara de jengibre fresco rallado
5 gotas de aceite de sésamo
2 cucharas de salsa de soja
sal
2 hojas de papel
1 hoja de papel manteca

Procedimiento

Masa: En un bowl, colocamos primero la harina, el azúcar, la clara de huevo, una cucharada de aceite neutro y la levadura diluida en leche tibia. Amasamos despacio para tener una masa un poco pegajosa y dejamos reposar 3 horas.

Relleno: En un bowl colocamos todos los ingredientes junto con los condimentos, mezclamos todo y dejamos reposar por lo menos 5 horas en la heladera.

Armado y cocción

Tomamos un bollito de nuestra masa y procedemos a hacer un pequeño disco aplanado con la palma de nuestra mano y colocamos el relleno en el centro del disco; procedemos a cerrarlo hacia arriba hasta formar un bollito.
Tomamos un bollo y le colocamos sobre la base un pequeño disco de la medida del bollo, de papel manteca para que no se pegue en el fondo de la olla de vapor.
Tomamos una olla de vapor y procedemos a llevarlo a una temperatura media y sobre ella colocamos nuestro bollo de man-tou. Dejamos cocinar por 10 minutos.
Servimos.

Consejo:
Prueben también comerlos fríos.
¡Son deliciosos!

Técnica a utilizar: vapor y grillado.
Origen: China.
Producto característico: carne de cerdo.
Momento del día: Aperitivo.
Dificultad: Moderada.

Gyoza

[Pasta rellena con carne de cerdo o vacuna, con vegetales, aromatizada en salsa de soja, jengibre y sésamo]

Ingredientes

Relleno
200 gr de carne de cerdo
200 gr de carne vacuna
400 gr de hakusai (lechuga Arrepollada japonesa),
o repollo blanco
100 gr de cebollas de verdeo blanco o nira (cebollin japonés)
10 gr de jengibre fresco
5 gr de ajo
Sal, y pimienta

Salsa
100 cm³ de salsa de soja japonesa
50 cm³ de vinagre de arroz o de alcohol
10 cm³ de sake o vino blanco seco
100 gr de cebollas de verdeo blanca
30 gr de jengibre rallado
10 gr de ajo rallado
5 cm³ de aceite de sésamo

Masa
500 gr de harina de trigo 0000
50 gr de almidón de maíz
250 cm³ de agua caliente
sal
aceite neutro

Consejo:
En el caso de no querer hacer la masa se puede comprar masa para pasta tipo sorrentinos ya que son de la misma medida.

Procedimiento

Relleno: Tomamos el hakusay o el repollo blanco y procedemos a picarlo bien chico y luego deshidratamos con un poquito de sal fina por 15 minutos.
En un bowl colocamos la carne vacuna o de cerdo bien picada, el hakusay o el repollo bien escurrido (libre de agua), el jengibre, ajo rallado, cebolla de verdeo o nira bien picados, sal y pimienta a gusto. Mezclamos todo junto y dejamos reposar por 30 minutos.

Salsa: Colocamos 100 cm³ de salsa de soja, 50 cm³ de vinagre de arroz y una cucharada de jengibre y ajo rallado. Agregamos unas cucharaditas de aceite de sésamo y mirin o sake (licor de arroz) a gusto. Al final, le pondremos 50 gr de cebollín picado y 100 gr de cebolla de verdeo blanca y mezclamos todo.

Masa: sobre un bowl colocamos agua caliente, sal, aceite, almidón de maíz (opcional) y harina de trigo.
Empezamos a amasar hasta obtener una masa bien lisa, libre de aire. Luego la estiramos hasta que esté bien fina y procedemos a cortar con un corta pasta n°6 (6 cm de diámetro) las tapa de gyoza. Dejar reposar en frío por 30 minutos envuelta en papel film o un repasador.

Armado: Tomamos una tapa y mojamos el contorno con agua. Colocamos un poco de relleno en el centro y armamos como si fueran unas empanadas de copetín o el repulgue en la forma oriental.

Cocción

La cocción se desarrolla en dos pasos.
Primero al vapor y luego sellamos.

Vapor: Tomamos una olla de vapor y colocamos sobre la misma un lienzo de algodón o una hoja de repollo blanco o hakuzay. Esto evita que se traspase el sabor de la madera a la gyozas y además evita que se peguen. Colocaremos las gyoza armadas y bien separadas entre sí, ya que aumentarán su tamaño al cocinarse. El tiempo de cocción es de 7 a 8 minutos a fuego medio.
Sellar: Una vez cocidas al vapor, colocamos aceite neutro en una sartén y pondremos las gyozas hasta que esté dorado uno de los lados. Servimos en un plato y un poco de la salsa en una pequeña salsera.

Shu Mai

[Pastas de langostinos rellenas al vapor]

Ingredientes

30 tapas de won ton redondo; se compra en las tiendas de productos asiáticos. Se pueden suplantar por tapas de sorrentinos bien finas de 8 cm de diámetro

Relleno de langostinos

10 langostinos crudos, limpios y enteros
100 gr de cebollín chino o nira
50 gr de hojas de cilantro
1/2 cuchara de jengibre picado
sal, pimienta

Salsa

50 cm³ de salsa de soja
1 cuchara de ajo y jengibre picado
25 cm³ de vino de arroz
25 cm³ de vinagre de arroz
20 cm³ de almíbar de ananá o piña
1 cuchara de cilantro picado
50 gr de tomate concassé (cubitos sin piel ni semilla de 4x4 mm)

Decoración

50 gr de perejil crespo

Procedimiento

Relleno: En una procesadora colocamos los langostinos pelados y limpios con sal, pimienta, aceite de sésamo, el jengibre fresco rallado y procesamos.
Por otro lado picamos el cebollín.
Por último mezclamos todo y dejamos reposar por unos minutos.

Salsa: en un bowl colocamos todos los ingredientes y mezclamos bien.

Armado: Tomamos una tapa de won ton y colocamos en el centro un poquito de relleno y armamos como una tulipa abierta en la parte superior y llevamos a vapor por 10 minutos. Servimos con las salsas, decoradas con el perejil.

Porciones: 2 personas.
Origen: Cocina china.
Método de cocción: wok o al horno.
Dificultad: Moderada.

Pescado Relleno

[Pescado relleno con hongos, panceta y vegetales]

Ingredientes

2 filetes grandes de lenguado
400 gr de harina de trigo
1 litro de aceite mezcla para freír
sal, pimienta

Relleno

10 hongos shitake o de pino, secos y remojados en vino de arroz
100 gr de panceta ahumada
100 gr de cebollas de verdeo
100 gr de filete de lenguado u otro pescado blanco
30 gr de jengibre fresco
1 clara de huevo

Salsa

20 cm^3 de fondo o caldo de pescado
1 cucharadita de jengibre fresco rallado
50 cm^3 de jugo de limón
150 cm^3 de jugo de naranja
30 cm^3 de vino de arroz
30 gr de azúcar
sal, pimienta

Procedimiento

Primero cortamos los hongos remojados en vino de arroz, la panceta ahumada, la cebolla de verdeo en brunoise o en cuadraditos pequeños.

Tomamos un wok, salteamos todo junto con un poco de jengibre fresco, sal y pimienta.

En una procesadora colocamos todos los ingredientes salteados en el wok, le agregamos el filete de pescado del relleno, la clara de huevo y procedemos a procesarlos por unos minutos y dejamos enfriar.

Salsa: Tomamos un wok y procedemos a cocinar todos los ingredientes y por último ligamos la salsa por reducción hasta que espese, unos 10-15 minutos.

Pieza principal: El filete de lenguado lo fileteamos al medio en forma de mariposa como un libro, le colocamos el relleno y enrollamos con film, como un roll de sushi y lo llevamos a una olla de vapor por 10-14 minutos, según el peso del filete y servimos con la salsa.

PANQUEQUES

«El hombre puede pasar por sabio
cuando busca la sabiduría;
pero si cree haberla encontrado
es un necio.»

Proverbio persa.

Técnica: Tortilla.
Dificultad: Media a fácil.
Producto característico:
La masa de harina de trigo.
Origen: Japón.
Porciones: 2 a 3 personas.

Okonomiyaki de Carne Vacuna

[Tortilla japonesa de carne vacuna]

Ingredientes

200 gr de repollo blanco
100 gr de cebollas de verdeo
50 gr de arvejas
50 gr de tororo imo rallada
(papa japonesa cremosa, es
opcional)
300 gr de bife de chorizo,
entrecôte, etc.

Masa

200 gr de harina 0000
1 huevo
agua, cantidad necesaria
sal, a gusto

Salsa

50 cm^3 de salsa tonkatsu
Salsa opcionales (salsa inglesa
o salsa barbacoa).

Okonomi: Lo que desea.
Yaki: Cocción.
Es decir que su significado es "lo que se desea cocinar".
Similar a una tortilla, se cocina sobre una plancha de hierro o una sartén,
con una masa de harina, agua y batata japonesa rallada.

Procedimiento

Cortamos el repollo blanco en fina juliana, las cebollas de verdeo al bies (corte diagonal) y la carne en fetas bien finas como carpaccio o un jamón.

Calentar la plancha o una sartén bien caliente y colocar un poco de aceite neutro (maíz o girasol).

Salteamos la carne durante 2-3 minutos, luego el repollo y las cebollas de verdeo y por último las arvejas ya cocidas. Luego colocamos en forma de hilo la masa, le damos una forma redonda, de una medida de unos 15 cm de diámetro.

Cocinamos la tortilla unos 3 minutos por lado. Por último, se le podrá colocar una salsa tonkatsu, barbacoa o inglesa.

Masa: En un bowl colocamos la harina, el huevo, una pizca de sal y agregamos agua hasta obtener una masa líquida tipo panqueques. Dejarla reposar 30 minutos en heladera.

Consejo:
Estas tortillitas, deben tener la altura aproximada de un panqueque. Si les ponen demasiada masa quedarán crudas en su interior y muy crocantes en ambas caras.

Técnica: Tortilla.
Dificultad: Moderada a fácil.
Producto característico:
Harina, y vegetales.
Origen: Japón.
Porciones: 2 a 3 personas.

Okonomiyaki de Verduras
[Tortilla de vegetales]

Ingredientes

200 gr de repollo blanco
50 gr de hongos shitake u otra variedad frescos (opcional)
100 gr de cebollas de verdeo
100 gr de granos de choclos
100 gr de zanahorias

Masa

200 gr de harina de trigo 0000
50 gr de tororoimo rallado (batata japonesa, opcional)
1 huevo
agua, cantidad necesaria
sal, a gusto

Salsa

100 gr de salsa tonkatsu
Salsa opcionales (salsa inglesa, o barbacoa)

Okonomi: Lo que desea.
Yaki: Cocción.
Similar a una tortilla, se cocina sobre una plancha de hierro, con una masa a base de harina, agua y batata japonesa rallada (tororoimo).

Procedimiento

Cortamos todas las verduras en juliana.
Calentamos bien la plancha y colocamos un poco de aceite neutro (maíz o girasol).
Salteamos las verduras durante 5 minutos, luego colocamos el choclo y por último, en forma de hilo la masa, dando una forma redonda, de unos 15 cm de diámetro. Cocinamos la tortilla unos 3 minutos por lado. Por último, le podemos colocar una salsa tonkatsu o barbacoa y servimos.

Masa: En un bowl colocamos la harina de trigo, el huevo, una pizca de sal y el tororoimo rallado (opcional). Agregamos agua hasta obtener una masa líquida tipo panqueques.
Dejamoa reposar 30 minutos en la heladera.

Consejo:
Sabías que en Japón también comen estas tortillitas con ketchups. ¡Son riquísimas!

ARROZ

El arroz se consume en Asia hace más de 10000 años. En dicho continente, prácticamente ninguna comida deja de incluirlo como ingrediente principal o como guarnición. Es tan importante el lugar que ocupa en la alimentación que no hay peor ofensa para un japonés que clavar los palitos en el arroz, significando esto un mal augurio y está relacionado con la muerte. Se dice que en China, tirar un bowl de arroz trae mala suerte.

El primer contacto que tuvo Occidente con el arroz fue a través de Alejandro Magno cuando conquistó la India. Más tarde los árabes lo llevaron por el Mediterráneo a Europa.

Existen en el mundo más de 8000 variedades de arroz, de diferentes tamaños, colores, aromas y/o cantidad de almidón. La mayoría tienen su origen en Asia. Las más utilizadas en el libro son: la variedad japónica de grano corto (reemplazable por el Doble Carolina) y el arroz de grano largo que es el más consumido en China (reemplazable por el arroz largo fino común).

Cabe mencionar que existen muchas otras clases de arroces. Una de ellas es el arroz de Jazmín, de excelente calidad, originario de Tailandia, el mayor exportador de arroz del mundo. Este arroz de granos muy tiernos y largos, posee un delicado aroma a jazmín. Por último, el arroz Basmati originario de India es un arroz de grano largo, muy aromático y de un sabor suave. Este arroz es ideal para acompañar determinadas variedades de curry.

«Hay que subir la montaña
como viejo para llegar como joven.»

Proverbio chino.

Oyako-Domburi

[Tortilla de pollo, vegetales y huevo sobre arroz blanco en salsa agridulce]

Producto principal: Arroz y pollo.
Origen: Japón.
Porciones: 2 a 3 personas.
Dificultad: Moderada a fácil.

Ingredientes

200 gr de muslo de pollo
4 huevos
2 cebollas blancas
200 gr de cebolla de verdeo
450 gr de gohan (ver receta pág. 117)
50 cm³ de salsa de soja japonesa
100 cm³ de fondo o caldo de bonito ahumado (katsuo-bushi), otra opción es fumé o caldo de pescado blanco
100 gr de azúcar

Domburi: significa vajilla en forma de un bowl grande, servida con gohan (arroz blanco), estos platos se los llama en la cocina japonesa domburimono.

Los domburimonos se acompañan generalmente con un consomé y algún encurtido salado o agridulce.

Procedimiento

Sobre una sartén pequeña colocamos el fondo de pescado, salsa de soja y un poquito de azúcar y formamos una especie de salsa. Sobre ella ponemos el pollo cortado en trozos de 2x2 cm y la cebolla blanca cortada en pluma o aro. Dejamos reducir 5 minutos. Luego colocamos las cebollas de verdeo cortadas al bies sobre el pollo y las cebollas. Dejamos 2 minutos y por último batimos 4 huevos y los vertimos sobre todos los ingredientes en forma de hilo, como si fuera una tortilla. Esperamos hasta que cuajen, retiramos del fuego y servimos sobre el arroz, dentro de un bowl de domburi.

Tempura-Domburi

[Tempura de pescado en salsa agridulce sobre colchón de arroz]

Técnica: Tempura (fritura liviana).
Producto principal: Pescados o langostinos y arroz.
Origen: Japón.
Porciones: 2 personas.
Observación: Plato agridulce.
Dificultad: Moderada.

Ingredientes

250 gr de filetes de pescado blanco (lenguado, brótola, salmón blanco, etc.)
400 gr de gohan (arroz blanco, ver receta página 117)
300 gr de harina de trigo 0000
30 gr de almidón de maíz
30 cm³ de caldo de pescado blanco
60 cm³ de salsa de soja japonesa
10 cm³ de mirin o sake
50 gr de azúcar
1 litro de aceite mezcla para freír
sal, y pimienta

Tempura: fritura liviana y crocante.

Procedimiento

Cortamos el filete de pescado en 10 pequeñas láminas de 2x5 cm de largo y un espesor de 5 mm; condimentamos con sal y pimienta.
Por otro lado en un bowl colocamos los 200 gr de harina de trigo y el almidón de maíz con agua fría y mezclamos hasta obtener una masa tipo de panqueques pero un poco más espesa. En una sartén colocamos el aceite y calentamos bien.
Mientras calentamos el aceite pasamos los filetes de pescados cortados por harina de trigo y luego por la masa de tempura, los llevamos al aceite vuelta y vuelta por 5 minutos y retiramos. Tomamos una pequeña olla y colocamos en ella, 30 cm³ de caldo de pescado, 60 cm³ de salsa de soja, 10 cm³ de mirin o sake, 50 gr de azúcar y reducimos todo por 2 minutos hasta que la salsa quede un poco espesa y retiramos.
Sobre un domburi (bowl hondo japonés) o un plato hondo servimos el gohan (arroz blanco) y sobre ella los tempura de pescado previamente pasados por la salsa agridulce.
Acompañamos con un consomé (ver sopa o consomé).

Origen: Tailandia.
Técnica: Curry.
Producto principal: leche de coco, pollo, arroz.
Observación: Es uno de los curry más sabrosos del mundo.
Porciones: 4 personas.
Dificultad: Difícil.

Muslim Chicken Curry

[Pollo al Curry tipo Madsaman (curry tostado)]

Ingredientes

2 papas medianas
2 cebollas grandes
2 muslos de pollo deshuesado
aceite neutro
400 cm^3 de leche de coco
400 cm^3 de caldo de pollo
3 cdas. de azúcar negra
4 cdas. de salsa de pescado tailandés (NAMPLA), (opcional)
2 cdas. jugo limón
1 rama de canela
3 hojas de laurel secas
2 cdas. de maní tostado
1 diente de ajo
2-4 chilis secos o frescos
camarones deshidratados (opcional)
1 kg de arroz blanco tipo oriental cocido (ver arroz blanco neutro, página 117)

Muslim Nam Prik (curry tostado)

2 a 3 dientes de ajo tostados
1 cda. de semillas de coriandro tostadas
1 cda. semillas de comino tostadas
2 cdtas. de hojas de cilantro picado
1 cdta. de galangal o jengibre picado
1 rama de lemon grass (hierba de limón) picado y tostado
4-8 guindillas secas hidratadas en agua tibia y secadas y tostadas
1 cdta. de pimienta blanca en grano
4 cdas. de echalotes
1 cdta. de pasta de langostinos (opcional)

Utensilios

Un mortero para preparar el curry o una minipimer de mano

Procedimiento

Preparamos el curry NAM PRIK (ver ingredientes.)
En un mortero o una procesadora de mano colocamos todos los ingredientes del curry y molemos por unos segundos. Reservamos.
Colocamos en el wok un chorrito de aceite y sellamos el pollo trozado en pequeños bocados de 2x2 cm. Luego lo retiramos y reservamos en un recipiente junto a los jugos.
Una vez limpio el wok, agregamos el curry que hicimos, la cebolla cortada en dados de 2x2 cm y dejamos cocinar por unos minutos, luego agregamos 200 cm^3 de leche de coco y revolvemos 5 minutos.
Agregamos luego un poco de caldo de pollo y colocamos las papas en dados de 2x2 cm y cocinamos otros 5 min.
Luego, ponemos el pollo con el laurel y la rama de canela y a los 2 minutos agregamos 3 cdas. de azúcar negra, el jugo de limón, la leche de coco restante y el fondo de pollo que habíamos reservado. Cocinamos 15 minutos más.
Por último, agregamos el maní tostado y servimos sobre un arroz blanco neutro tipo oriental, (ver receta de gohan o arroz blanco neutro página 117).
Si bien hacer un buen curry es bastante complejo, esta opción que les doy es facíl de hacer y con práctica verán que les sale delicioso.

Consejo:
Sugerencia: el arroz ideal para este plato es el tipo arroz jazmín de origen tailandés (uno de los arroces mejores del mundo), pero se puede suplantar por tipo Doble Carolina Fortuna 00000.

Técnica: Curry.
Origen: Tailandia.
Producto principal: Pollo y los ingredientes del curry rojo.
Observación: Los curry son muy personales, se le pueden hacer algunas variaciones según el gusto de cada comensal, como el picor, etc.
Porción: 4 personas.

Curry Rojo de Pollo

El verdadero curry tailandés se sirve con arroz de jazmín (uno de los arroces más ricos del mundo).

Ingredientes

4 muslos de pollo sin huesos
300 gr de papas
500 cm³ de caldo de pollo (opcional, generalmente se pone leche de coco, pero para que sea más suave se le puede agregar el caldo de ave)
600 cm³ de leche de coco
100 gr de maní tostado
50 gr de cilantro picado

Pasta de curry

4 echalotes o cebollas de verdeo o puerro picado
1-4 chili rojo (según el picor que desee)
3 dientes de ajo
10 gr de galanga o jengibre fresco picado
10 gr de cáscara de lima kafir o de lima picada
10 semillas de coriandro molidas
10 semillas de pimienta negra molidas
1 cucharadita de semilla de comino tostado y triturado
cuchara de nuez moscada molida
cuchara de macís (opcional)
150 gr de pimiento morrón rojo picado
10 cm³ de jugo o agua de tamarindo (opcional)
agua, sal, y aceite vegetal o de maní

Procedimiento

En una procesadora colocamos todos los ingredientes del curry con un poco de agua y procesamos todo hasta obtener una pasta homogénea.

En un wok colocamos un poco de aceite neutro y en él toda la pasta de curry.

Luego agregamos el pollo en cubos de 2x2 cm y sellamos o doramos bien por 3-4 minutos.

Después le agregamos la leche de coco con un poco de caldo de pollo junto a las papas cortadas de 2x2 cm y cocinamos por 10-12 minutos.

Por último, le agregamos un poco más de leche de coco, reducimos 2-3 minutos más a fuego fuerte (para ligar o espesar la salsa).

Servimos con arroz blanco (ver receta página 117) y maní.

Técnica: Curry.
Producto principal: Curry y arroz.
Origen: Japón.
Porciones: 2 a 3 personas.
Observación: Plato muy liviano.
Dificultad: Moderada.

Kare-Rice

[Risotto de pollo, vegetales, y hongos]

Kare: Significa curry en japonés.
Rice: Arroz en inglés, pues ellos llevaron el curry al Japón.

El kare se puede preparar de diversas maneras: hot (bien picante), medium (poco picante), dulce, etc. También se le puede agregar crema de coco o de leche y diversas variedades de especias como cilantro, echalote, guindilla, lemon grass, ajo, jengibre, galangal, hoja o cáscara de lima, almendras, maní, etc. Existen muchísimas variedades de curry, ya que el curry es el resultado de una diversa mezcla de especias y productos. En Tailandia es muy frecuente que lo preparen con crema de coco; además existen curris verdes, rojos y de muchas otras características. Originalmente, se cocinan los productos en el mismo curry, dejándolo reducir naturalmente hasta que vaya tomando consistencia. Debido a que prepararlo en el punto y sabor justo es bastante complejo, les acerco esta receta adaptada para que todos puedan intentar ponerla en práctica. Si pueden, traten de comprar curry en polvo que venga en lata o de alguna marca oriental conocida.

Ingredientes

20 gr curry en polvo
1 cebolla
200 gr de zanahorias
200 gr de papas
50 gr de arvejas
300 gr carré de cerdo
100 gr de echalote
10 gr dashinomoto, o hondashi
(caldo de bonito o caldo de pescado blanco)
1 litro fondo o caldo de cerdo
100 gr almidón de maíz
500 gr arroz japonés (gohan, ver receta página 117)
50 gr de manteca

Procedimiento

Sobre un wok colocamos un poco de aceite neutro y rehogamos primero el echalote, luego el carré de cerdo cortado en cubitos y después agregamos el jengibre, el ajo, la guindilla. Condimentamos con sal para que suden todas los vegetales y cocinamos por 5 minutos hasta que quede bien cocido.

Luego colocamos el fondo o el caldo de cerdo y el hondashi, agregamos la zanahoria y cocinamos unos 10 minutos. Agregamos las papas cortadas en cubos y llevamos al fuego hasta que todo quede bien cocido.

Mientras se cocinan todos los ingredientes en el caldo, preparamos el curry en polvo sobre una sartén: colocamos la manteca junto al almidón de maíz y luego el curry y cocinamos por 1-2 minutos y dejamos reposar.

Por último agregamos el curry con el almidón de maíz al wok que tiene todos los demás ingredientes y dejamos unos minutos hasta que el curry ligue o espese. Ponemos las arvejas, y servir con gohan (ver receta página 117).

TOFU

El tofu, es una especie de queso, similar a la ricota (requesón) pero obtenido de la leche de soja. Es muy sano, fácil de digerir y nutritivo, ya que aporta proteínas y es una buena fuente de vitaminas y minerales. Tiene un alto porcentaje en calcio. También contiene hierro, fósforo, sodio, potasio y vitaminas del grupo A, B, y E. Además no tiene colesterol ni gluten.

Cuenta la historia que el tofu tiene origen en China hace unos 2000 años, extendiéndose a Japón aproximadamente hace 800 años, debido al Budismo, ya que sus practicantes eran vegetarianos.

Hay en el mercado diversas variedades de tofu, pero las más frecuentes son: Blando, que se utiliza en sopas, y el Duro, que generalmente se utiliza para cocinarlo en platos o freírlo.

Se lo puede conseguir fresco en supermercados de venta de productos orientales o envasado. Hay que mantenerlo siempre cubierto con agua potable fresca, dentro de la heladera, en un recipiente plástico con tapa. Se debe cambiar el agua todos los días y tener en cuenta que hay que consumirlo lo antes posible, ya que en un lapso mayor a 48 horas podría echarse a perder.

«La sabiduría no se traspasa,
se aprende.»

Proverbio Oriental.

Origen: China.
Dificultad: Moderada.
Porciones: 4 personas.
Observación: Hay muchas versiones de tofu.

Ingredientes

600 gr de porotos de soja
agua, cantidad necesaria
para remojar
4 litros de agua para la cocción
7-8 cdas. jugo de limón
sal marina, una pizca

Utensilios varios:

bolsa de lienzo, gasa o tela
de pañal

Tofu Casero

Esta versión de Tofu es muy básica, para que todos puedan intentar hacerla, especialmente en aquellos lugares que no se lo consigue. Recuerden que también se puede conseguir tofu envasado en grandes supermercados.

Procedimiento

Lavamos bien los porotos y los dejamos en remojo en agua toda la noche dentro de la heladera.

Al otro día, los enjuagamos y los colamos. Los licuamos bien con parte de los 4 litros que se destinarán a cocinar. Los ponemos en una olla con el agua restante y les agregamos una pizca de sal marina. Cocinamos a fuego muy bajo. Una vez que hierve, cocinamos unos 10-12 minutos revolviendo con cuchara de madera de vez en cuando. Mientras, ir colocando un lienzo o tela de pañal dentro de un colador y este último dentro de un recipiente. Una vez que pasaron los 10 minutos de hervor, filtramos todo por el colador con la tela y la leche obtenida dentro del recipiente, la pasamos a una olla limpia. Desechamos los restos de porotos en la gasa. Llevamos a fuego nuevamente la leche de soja y, cuando hierva, le agregmos el jugo de limón. Dejamos seguir hirviendo unos minutos para que se separe el suero. Colamos otra vez con una gasa dentro de un colador en un recipiente. Cuando esté bien colado, tomamos los bordes de la gasa y los atamos bien. Colgamos la gasa (con el queso dentro) aproximadamente 1 hora, hasta que suelte todo el suero restante. Una vez libre de suero, lo prensamos bien, sacamos el tofu prensado de la gasa y lo colocamos en un recipiente en heladera hasta el momento de utilizar.

Tofu Frío

[Queso de soja]

Origen: China.
Dificultad: Fácil.
Porciones: 2 a 4 personas.
Observación: Plato para verano

Ingredientes

1 unidad de tofu tierno
fresco (preferentemente no
debe ser envasado)
100 gr de cebollas de verdeo
50 gr de jengibre fresco rallado
50 cm³ de salsa de soja
sal, pimienta

Procedimiento

Tomamos el tofu tierno (debe ser muy fresco) y cortamos en dados de 2x2 cm y colocamos sobre un plato playo, le agregamos cebolla de verdeo picada bien fina y jengibre rallado. Para comer se le agrega en la mesa, la salsa de soja a los ingredientes anteriores y se mezclan junto con el tofu.

Método de cocción: Frito.
Origen: China.
Dificultad: Fácil.
Porciones: 2 personas.
Observación: Plato para todo el año.

Tofu Frito
[Queso de soja frito]

Ingredientes

1 tofu fresco duro
(no debe ser envasado)
200 gr de cebollas de verdeo
50 gr de katsuo bushi o
escamas de cerdo seco
(parecido al katsuo bushi)
50 gr de jengibre fresco rallado
2 limas
200 gr de harina de trigo 000
50 cm³ de salsa de soja
aceite de sésamo
aceite para freír
ajinomoto

Procedimiento

Tomamos unos 200 gr de tofu duro, cortamos en cubos de 2 x 2 cm, pasamos por harina de trigo y llevamos a freír en abundante aceite hasta que quede bien crocante.

Servimos con cebolla de verdeo cortada bien fina, el bonito o cerdo seco, jengibre rallado, salsa de soja y ajinomoto.

Consejo:
No dejen de hacer este plato los amantes del tofu. Si no consiguieran el katsuo bushi (en supermercados orientales o de cadena) no importa.

Origen: China.
Dificultad: Fácil.
Porciones: 2 a 4 personas.
Observación: Plato para invierno.

Tofu en Cazuela
[Queso de soja]

Ingredientes

1 tofu fresco duro (no debe ser envasado)
200 gr de cebollas de verdeo
50 gr de jengibre fresco rallado
2 limas
2 plantas de pak choy
1 planta de hakusai o repollo chino
100 gr de fideos de arroz cocidos al dente
50 cm³ de salsa de soja
aceite de sésamo
aceite para freír
ajinomoto

Procedimiento

Tomamos una cazuela y le agregamos unos 2 cm de agua y unas gotas de salsa de sésamo. Además le colocamos el tofu en dados de 2x2 cm, fideos de arroz ya cocido, el pak choy y el hakuzai y llevamos todo al calentador (en Asia debe estar prendido en el centro de la mesa).

Por otro lado colocamos en unas pequeñas compoteras en el centro de la cazuela y colocamos en ella, cebolla de verdeo picado, 1 cucharadita de jengibre fresco rallado, jugo de limón, salsa de soja y llevamos a fuego por unos minutos.

Para comer pasamos todos los ingredientes por la salsa y lo acompañamos si se desea con arroz blanco (ver receta gohan página 117).

Porciones: 2 porciones.
Dificultad: Moderada.
Origen: China, Sechúan o del oeste.
Observación: Plato picante. Es uno de los platos más populares de la región de Sechúan o del oeste.
Método de cocción: Salteado al wok.

Mapo Dou Fu

[Tofu (queso de soja) salteado al wok]

Ingredientes

300 gr de tofu firme o duro y fresco
150 gr de carne de cerdo o vacuna, picada
2 dientes de ajo
1 guindilla roja
10 gr de jengibre fresco
2 plantas de cebolla de verdeo
100 gr de chauchas asiáticas o comunes
1 pimiento rojo (opcional)

Condimentos

aceite de sésamo
250 cm^3 de caldo de carne de cerdo
sal
pimienta de Sechúan o blanca
ajinomoto o azúcar
salsa de soja
vino de arroz o de uva
almidón de maíz 1 cdta

Procedimiento

Cortamos el tofu en dados de 2x2 cm y blanqueamos por 1 minuto a fuego alto y retiramos.
El ajo, jengibre y la guindilla los cortamos en fina juliana.
Las chauchas, las cebollas de verdeo y el pimiento los cortamos al bies (diagonal).

Cocción

Calentamos aceite en un wok y una vez que esté caliente colocamos el cerdo picado y salteamos por unos minutos.
Luego le agregamos los pimientos, las chauchas, el ajo, la guindilla y el jengibre. Salteamos por 1 minuto a fuego fuerte, después le agregamos la cebolla y el cebollín, cocinamos por 1 minuto más.
Por último, agregamos el tofu, condimentamos primero con sal, pimienta, ajinomoto, salsa de soja, vino de arroz, caldo de carne y al final le agregamos almidón de maíz diluido en un poquitito de agua, para ligar la salsa.
Servimos con unas gotas de aceite de sésamo.

CARNE
DE CERDO

«Si te caes siete veces, levántate ocho.»

Proverbio chino

Técnica: Grillado.
Origen: China.
Producto principal: Carne de cerdo o vacuna.
Porciones: 2 a 3 personas.
Observación: Se puede realizar con carne vacuna.
Dificultad: Fácil.

Yakiniku

[Carne vacuna marinada en salsa de soja con guarnición de vegetales]

Ingredientes

400 gr de carré de cerdo (costilla de cerdo deshuesado) o carne vacuna

Marinada

50 gr de jengibre rallado
1 diente de ajo rallado
150 cm³ de salsa de soja
50 cm³ de sake o vino blanco
40 gr de azúcar blanca

Guarnición

200 gr de repollo blanco en muy fina juliana
200 gr de hojas verdes
100 gr de tomate

Aderezo

50 cm³ de salsa de soja
50 cm³ de jugo de naranja
20 cm³ de jugo de limón
10 gotas de aceite de sésamo (opcional)

Procedimiento

En un bowl colocamos todos los ingredientes de la marinada y dejamos reposar en frío por 10 minutos.

Cortamos el carré de cerdo en láminas finas (como milanesas finas) y dejamos reposar en la marinada por 10 minutos, no mucho tiempo más porque se pone muy salado.

Calentamos una sartén con un poco de aceite neutro y una vez caliente ponemos las láminas de cerdo, vuelta y vuelta por 3-4 minutos y servimos.

Ponemos en un plato, los vegetales con el aderezo y junto los yakiniku (cerdo marinado), acompañamos con arroz blanco (ver receta página 117) y misoshiru (ver receta pág. 64).

Consejo:
Les aconsejo acompañar esta receta con arroz blanco ya que queda deliciosa. Prueben hacerla también con pollo en vez de carne, es sencillo y exquisito.

Costilla de Cerdo en Salsa Agridulce

Técnica: Al horno.
Origen: China.
Porciones: 4 personas.
Dificultad: Moderada.

Ingredientes

2 kg de costilla de cerdo o manta de cerdo

Salsa

50 gr de pasta de alubia o miso blanco
100 gr de salsa de soja
20 cm³ de vino de arroz o jerez
90 gr de azúcar
polvo 5 especias
aceite de sésamo

Procedimiento

Salsa agridulce: En una olla colocamos todos los ingredientes a fuego bajo, revolvemos constantemente para disolver bien el azúcar junto con el resto de los ingredientes.

Costilla de cerdo: Tomamos un costillar de cerdo de unos 2 kg y cortamos todas las costillas de a una y colocamos en una placa .Luego pincelamos con la salsa agridulce y por último, llevamos a horno 170° C unos 45 minutos a 1 hora (según el peso o la medida de las costillas.) Se debe pincelar con la salsa cada 10 minutos y luego servir con arroz blanco (ver receta de gohan pág. 117) También se pude acompañar con vegetales al vapor, como hojas verdes, zanahorias, etc.

Presentación

Sobre un plato colocamos la pieza principal junto al arroz y los vegetales al vapor con un poco de la salsa ligada.

AVES

«Cuando la noche esté oscura
y no divises nada,
seguro que el alba está muy cerca
y va a alumbrar todo el cielo.»

Proverbio oriental.

Técnica: grillado, laqueado o asado.
Producto principal: pollo.
Origen: Japón.
Observación: el Kushi-yaki si se come solo es una entrada. Si se consume con gohan (arroz blanco cocido neutro) es un plato principal.
Dificultad: Moderada.

Yakitori

[Pequeñas brochettes de ave]

Yaki: grillado.
Tori: pollo.
El yakitori pertenece al grupo de platos que se llaman en Japón Kushi-yaki (kushi:palito de brochette ,yaki: grillar).

Plato muy popular en Japón: hay puestos que venden Yakitori por todas las ciudades.

Ingredientes

Brochette

300 gr de muslo de pollo
200 gr de cebollas pequeñas o cebollas de verdeo
100 gr de pimiento morrón
Palitos de brochette

Salsa

100 cm³ de salsa de soja japonesa
50 cm³ de fondo de ave
70 gr de azúcar blanca
30 cm³ de vino blanco
50 gr de togarashi (ají molido japonés) o ají molido común

Procedimiento

Armado de la brochettes: Armaremos las pequeñas brochettes en palitos de 17 cm de largo aproximadamente. Cada brochette lleva 3 cubitos de 2×2 cm de pollo, 2 cebollas y 2 morrones de la misma medida.

Salsa: sobre una base de fondo de ave le agregamos salsa de soja, azúcar blanca y dejamos reducir unos 10 minutos, no más, porque la salsa de soja queda muy amarga. (La salsa de soja a más de 100° c se pone de un sabor rancio, amargo-salado).

Cocción

Tomamos una sartén y colocamos un chorrito de aceite neutro. Una vez que calentamos bien, sellamos la brochette de uno de los lados, cocinamos unos 5 minutos, luego damos vuelta, cocinamos del otro lado unos 5 minutos más.
Después de cocinarlo le agregamos un poquito de salsa agridulce y dejamos reducir unos 30 segundos por lado. Tengamos mucho cuidado de no reducirlo mucho tiempo ya que la salsa se carameliza.

Presentación

Normalmente se presenta de a 2 o 3 brochettes con gohan (arroz blanco neutro, ver receta página 117) con un poquito de ají molido (togarashi).

Técnica: Grillado.
Origen: China.
Producto principal: Pato.
Observación: Versión moderna.
Porción: 2 personas.
Dificultad: Moderada.

Pato Grillado en Salsa de Cítrico

Ingredientes

1 magret o pechuga de pato

Guarnición

2 pepinos asiáticos o comunes
1 planta de lechuga verde y morada
2 limas o limones
1 mango
1 pomelo rosado
100 gr de fideos de arroz
aceite para freír
1 poco de cilantro
1 poco de menta
1 poco de albahaca
10 gr de semilla de sésamo negro y blanco

Aderezo para guarnición

10 cm^3 de jugo de zanahoria.
10 cm^3 de vinagre de arroz o de alcohol
10 cm^3 de salsa de soja
10 gotas de aceite de sésamo
30 gr de azúcar o miel

Salsa

1 chili rojo procesado (la cantidad es a gusto)
2 dientes de ajo rallado
10 cm^3 de jugo de lima
40 cm^3 de jugo de naranja
10 cm^{3}de vino de arroz o de alcohol
30 cm^3 de fondo o caldo de pato o de ave
100 gr de azúcar negra o blanca

Procedimiento

Tomamos una sartén, agregamos un poco de aceite neutro y colocamos el pato, sellamos las dos caras y luego llevamos al horno 6-8 minutos según el tamaño de la pechuga a 180° C.
Luego retiramos y dejamos reposar unos minutos para acentuar los jugos del pato antes de servir.

Salsa: En una olla de mano colocamos todos los ingredientes y dejamos reducir hasta obtener una salsa bien ligada o espesa por 5-10 minutos.

Presentación

Tomamos un plato y colocamos primero un ramo de hojas verdes, los pepinos, las frutas las cortamos en forma de gajos y presentamos.
Sobre ellas colocamos los fideos de arroz fritos, las hojas de cilantro, menta, albahaca, sésamo y por último el aderezo.
Por otro lado cortamos el pato que estaba en reposo, en finas lonjas y colocamos la salsa y acompañamos con arroz blanco (ver receta de gohan página 117) y servimos.

Consejo:
Si no puedes conseguir pato, reemplaza por pollo.

PESCADOS

«La esperanza es como el azúcar en el té. Aunque sea poca, todo lo endulza.»

Proverbio chino.

Técnica: Guisado.
Origen: China.
Producto principal: Besugo o pescado blanco.
Observación: Se puede cambiar por otra variedad de pescado blanco.
Porción: 4 personas.
Dificultad: Difícil.

Besugo en Salsa Agridulce

[Pescado a la parrilla]

Ingredientes

900 gr de filete de besugo o pescado blanco firme
2 cucharadas de salsa de soja
aceite vegetal para freír
200 gr de cebollas ciceladas
2 cucharillas de aceite de sésamo
arroz blanco (ver la receta de gohan, ver receta página 117)

Salsa

4 hongos shitake secos (u otra variedad de hongos secos)
2 cebollas picadas
50 gr de cebollas de verdeo picadas
150 gr de panceta
50 gr de jengibre fresco en fina juliana
2 dientes de ajo picados
1-4 guindillas rojas secas
350 cm³ de caldo de pescado
30 cm³ de salsa de soja.
4 cucharadas de azúcar blanca
sal al gusto
4 cucharadas de vino de arroz o jerez seco

Procedimiento

Remojamos los hongos secos por 8 horas, escurrimos y reservamos junto al agua obtenida.

Mientras tanto, limpiamos el pescado y cortamos en rodajas de 3-4 cm, marinamos con la salsa de soja y dejamos 15 minutos en reposo.

Picamos las cebollas, panceta, jengibre, ajo, los hongos remojados (quitando la parte dura del tallo) y las guindillas.

Calentamos el aceite en un wok.

Ponemos las rodajas de pescado en el aceite caliente, por tandas y freímos 2 1/2 minutos, calentando bien el aceite entre cada tanda. Dejamos sobre papel absorbente y reservamos.

En otra sartén calentamos 3 cucharadas de aceite vegetal, y agregamos los ingredientes de la salsa, (los hongos, la panceta, el jengibre, el ajo, las guindillas, y la cebolla) y rehogamos por 3-5 minutos. Luego agregamos el vino de arroz, el caldo, el azúcar y la salsa de soja.

Rehogamos por 2 minutos.

Por último, ponemos el pescado en la salsa, tapamos y dejamos cocinar a fuego medio 4 o 5 minutos. La salsa se habrá reducido y espesado a la mitad. Servimos el pescado sobre una fuente, con la salsa reducida, con un poco de la cebolla de verdeo picada y el aceite de sésamo. Acompañamos con arroz blanco.

Técnica: Laqueado.
Producto característico:
pescados (según la región varían
las especies).
**Técnica de cocción
de la guarnición:** Al vapor.
Dificultad: Moderada.

Teriyaki
[Pescado laqueado a la parrilla]

Teriyaki: (Se pronuncia teri iaki)
En japonés: **Teri**: brillo **Yaki**: grillar

*Teriyaki es una técnica
de cocción para laquear
carne, aves y pescados,
dándoles una textura
brillosa mediante varias
pinceladas de salsa agridulce.*

Ingredientes

1,5 kg a 1,8 kg de salmón
rosado fresco
*150 gr de brócoli
200 gr de zanahorias
100 gr de nabos (daikon)
100 gr de chauchas
200 gr de arroz blanco
20 gr de sésamo tostado
negro y blanco*

Salsa

*150 gr de salsa de soja japonesa
50 gr de fondo de pescado
50 gr de katsuo-bushi
50 cm³ de mirin
20 gr de azúcar*

Procedimiento

Tomamos el salmon. Le quitamos la piel junto con la grasa adherida a ella haciendo un corte de unos 4 mm de espesor. La grasa pegada a la piel tiene un sabor amargo.
Haremos un corte longitudinal por el medio de la vértebra. El lomo es más magro que la parte inferior. Recordemos que la parte inferior, por tratarse del abdomen del pez, es más grasosa y más tierna.
El corte a utilizar será a gusto del comensal. En este caso utilizaremos el lomo.
Cortaremos porciones de 400 gr.

Salsa: Erróneamente se cree que Teriyaki es el nombre de la salsa, pero NO es así: Teriyaki es la TÉCNICA .
A continuación desarrollaremos una variante de cocción, con la misma salsa que se utiliza en el Teriyaki.

Procedimiento de la salsa: Colocamos en la sartén, 50 cm³ de fumé de pescado con el katsuo-bushi y colamos todo. Luego le agregamos 150 cm³ de salsa de soja, 20 gr de azúcar blanca y 50 cm³ de mirin. Dejamos reducir hasta que llegue a punto de ebullición. Retiramos inmediatamente del fuego ya que la salsa de soja se pondría amarga.

Guarnición: En una vaporiera colocamos todas las verduras: nabos cortados en bastoncitos de 5 cm de largo por 1 cm de cada lado, las zanahorias en forma de la flor de sakura de 5 mm de espesor, el brócoli en pequeñas flores. y las chauchas enteras.

Cocción: Sobre una plancha colocamos la porción de salmón con un poco de aceite neutro y empezamos a pincelar con la salsa agridulce cada 2 minutos, luego damos vuelta y hacemos lo mismo del otro lado hasta cocinarlo.
También se puede cocinar en una sartén.

Presentación

Se puede presentar de diversas maneras:
a) el salmón junto con las guarniciones en un solo plato.
b) el salmón por un lado y el arroz por otro·y las verduras en otro.

Recuerden:
Erróneamente se cree que Teriyaki es el nombre de la salsa, pero NO es así: Teriyaki es la TÉCNICA.

Técnica: Grillar.
Dificultad: Difícil.
Producto principal: Besugo.
Origen: Japón.
Porciones: 2 personas.

Yakizakana de Besugo

[Pescado a la parrilla]

Ingredientes

2 besugos u otro pescado del día de aprox. 700 gr, fresco
200 gr de daikon (nabo japonés)
100 gr de jengibre (shoga)
250 gr de gohan (ver receta pág. 117)
salsa de soja
sal fina

Yakizakana: significa yaki (grillar).
Zakana: pescado.

Procedimiento

Yakiza-kana: Luego de limpiar el besugo fileteamos un filete y salamos con sal fina y dejamos reposar unos 10 minutos. Tomamos una plancha o parrilla y colocamos primero del lado de la piel hasta cocinarlo unos 3 minutos, después damos vuelta y cocinamos del otro lado unos 4 minutos más.

Tomamos una vajilla de forma rectangular y presentamos el pescado asado. Acompañamos con nabo rallado y jengibre rallado. Cuando procedamos a comerlo le agregaremos un chorrito de salsa de soja por encima del nabo y el jengibre y acompañamos con gohan.

Técnica: Vapor.
Origen: China.
Producto principal: Mero.
Observación: Se puede cambiar por otra variedad de pescado blanco (raya, salmón blanco, pagro, etc.)
Porción: 4 personas.
Dificultad: Moderada.

Mero al Vapor

[Al estilo cantonés]

Procedimiento

Ingredientes

6 cebollas
30 gr de jengibre fresco
1 kg de mero limpio y entero
sal, pimienta y azúcar
5 cucharas de aceite de maní o cacahuete
30 cm^3 de de salsa de soja
1 lechuga repollada (hakusai)

Cortamos las cebollas en pluma (a lo largo).
Cortamos el jengibre en fina juliana.
Secamos el pescado con papel absorbente.
Colocamos encima las 2 rodajitas reservadas de jengibre.
Tomamos una olla al vapor, colocamos abundante agua y llevamos a fuego moderado.
Colocamos nuestro pescado entero sobre un colchón de hakuzai (lechuga arrepollada) o repollo blanco común.
Cocinamos por 10-15 minutos según el tamaño del pescado.
Sobre éste colocamos la mitad de la cebolla cortada en pluma y condimentamos con sal, pimienta y azúcar.
Por otro lado, calentamos el aceite de maní en una sartén pequeña, colocamos poco a poco la cebolla restante, el jengibre (el aceite hace resaltar su fragancia) y la salsa de soja y cocinamos por unos minutos. Servimos con la cesta de vapor de bambú o en una fuente con la salsa por encima o separada en una salsera.

MARISCOS

«El bien que hicimos la víspera
es el que nos trae la felicidad por la mañana.»

Proverbio hindú.

Técnica: Brochettes.
Producto principal:
Langostinos.
Origen: Vietnam.
Observación: Se puede
preparar con otra variedad
de mariscos.
Porción: 2 personas.
Dificultad: Moderada.

Satay de Langostinos en Salsa de maní

[Brochettes de langostinos]

Ingredientes

*12 langostinos crudos, limpios
y desvenados
4 palitos de brochettes
sal, pimienta
aceite neutro (maíz o girasol)*

Salsa

*30 gr de maníes o cacahuetes
20 cm³ de salsa de soja
20 cm³ de jugo de limón
sal, y pimienta*

Pasta de la salsa

*(La pasta es parte de la
salsa)
2 echalotes picados
2 dientes de ajo
1-2 guindillas rojas sin semilla
20 gr de jengibre fresco
1 cucharadita de semilla de
coriandro molida
2 almendras sin piel
30 cm³ de aceite de maní*

Procedimiento

Brochettes: Tomamos los langostinos limpios y armamos 4 brochettes de tres langostinos.

Salsa: En una procesadora colocamos todos los ingredientes con un poco de jugo de limón y procesamos hasta tener una pasta homogénea.
Por otro lado, en aceite caliente freímos el maní por 1 minuto, luego procesamos en la picadora hasta obtener un maní molido. En una pequeña olla colocamos la pasta y cocinamos por 2 minutos. Luego agregamos un poco de agua o caldo de verduras y reducimos por 5 minutos más. Por último agregamos el maní en polvo, la salsa de soja, el jugo de limón, la sal y la pimienta y reducimos hasta que la salsa quede levemente espesa o ligada y servimos en una salsera.

Cocción

Tomamos una sartén con un poco de aceite y una vez que está caliente ponemos las brochettes con un poco de sal y pimienta, vuelta y vuelta por 2-4 minutos como máximo y servimos.

Consejo:
Se pueden cocinar
las brochettes con
un aceite a base de
aceite de guindilla,
de maní y de sésamo,
dando pinceladas del
aceite en la cocción
de las brochettes.

Técnica: Grillado y vapor.
Producto principal: Calamar.
Origen: Japón.
Observación: Acompañamos con arroz blanco y vegetales.
Porciones: 2 personas.
Dificultad: Moderada.

Ika yaki

[Calamar grillado en salsa agripicante]

Ingredientes

3 calamares enteros
frescos
200 gr de cebollas de
verdeo o negui (cebolla
de verdeo blanca japonesa)
50 gr de jengibre fresco
1 diente de ajo
20 cm³ de sake
o vino blanco
1 guindilla o chili
perejil crespo
40 cm³ de salsa de soja

Procedimiento

Primero, tomamos un calamar y separamos en 3 partes: tubo o cuerpo, aleta y tentáculos. Con mucho cuidado le quitamos la piel al tubo.

En un bowl colocamos cebolla de verdeo picada, jengibre, guindilla picada (con o sin semilla, es a gusto) y ajo rallado, sake y los calamares. Los dejamos macerar unos 2 minutos.

Tomamos una sartén y grillamos nuestras piezas unos 5 minutos hasta obtener un punto jugoso. Servimos acompañado de gohan (ver receta página 117).

Consejo:
Podemos cortar el tubo de calamar, los tentáculos y la aleta en tiras, antes de macerar; así si deseamos comer con los palitos es más cómodo y se va tomando por bocado.

ENSALADAS

«Estudiando lo pasado,
se aprende lo nuevo.»

Proverbio japonés.

Sunomono

[Vinagreta agridulce de vegetales,
pescados y mariscos]

Técnica: Vinagreta.
Producto principal: Vegetales,
pescados y mariscos.
Origen Japón.
Observación: Es una entrada.
Porciones: 2 personas.
Dificultad: Fácil.

Ingredientes

200 gr de pepinos pequeños
200 gr de zanahorias (cortadas en muy fina juliana)
100 gr de chauchas redonda
1 tubo de calamar
2 bastones de cangrejo o
kanikama (imitación de
centolla)
4 langostinos crudos, limpios
(opcional)
20 cm³ de jugo de limón
sal fina

Vinagreta

100 cm³ de vinagre de arroz
o alcohol
50 gr de azúcar
20 cm³ de sake (opcional)

Procedimiento

Tomamos el pepino y cortamos en rodajas muy finas (se puede utilizar una mandolina con mucho cuidado), luego colocamos abundante sal fina, con un poco de agua y dejamos 5 minutos deshidratando. Luego con abundante agua limpiamos la sal y después escurrimos, le quitamos toda el agua y retiramos.

Las zanahorias las cortamos en una muy fina juliana (se pude utilizar una mandolina) y luego colocamos en un bowl con abundante agua y dejamos hidratar por 10 minutos.

Las chauchas blanquearlas (hervir con abundante agua y un poco de sal gruesa) por 2 minutos: deben quedar al dente o crocantes.

Tomamos los calamares y blanqueamos por 10-20 segundos en abundante agua con sal gruesa y cortamos la cocción con agua fría y retiramos.

Los langostinos hay que blanquearlos con mucha agua, con sal y un poco de jugo de limón por 1-2 minutos según el tamaño, y cortamos la cocción igual que con los calamares.

Tomamos un bowl y colocamos en él todos los ingredientes de la vinagreta con un poco de sal fina y mezclamos bien hasta disolver todo el azúcar.

Por último tomamos un plato y colocamos primero, el pepino sin agua, las chauchas, las zanahorias, el kanikama, el calamar y los langostinos. Colocamos la vinagreta y servimos.

Gomae

[Espinacas blanqueadas en salsa
de soja agridulce con semillas de sésamo]

Técnica: Blanqueado.
Producto principal: Espinaca
u otra variedad de hojas verdes,
y semilla de sésamo.
Origen: Japón.
Observación: El gomae
es una de las entradas más
populares de la cocina Japonesa.
Porciones: 2 personas.
Dificultad: Fácil.

Ingredientes

1 paquete de espinaca fresca
50 gr de sésamo blanco
tostado
50 cm³ de salsa de soja
japonesa
20 cm³ de mirin o sake
50 gr de azúcar blanca

Procedimiento

Gomae: En una olla de vapor (cocción por 1-2 minutos) o blanqueamos (hervir la espinaca con abundante agua caliente por 5 segundos), cocinamos la espinaca, luego tomamos sésamo tostado y lo molemos en un mortero.

En un bowl colocamos 50gr de azúcar, 50cm³ de salsa de soja y añadimos el sésamo tostado molido, un poco de mirin y mezclamos todo.

Tomamos la espinaca cocida, la escurrimos bien y la cortamos bien parejo y formamos una torre en una vajilla honda. Luego le agregamos la salsa agridulce y servimos.

Origen: China.
Observación: Plato picante y dulce. Versión moderna.
Método de Cocción: Grillado.
Porciones: 2 personas.
Dificultad: Moderada.

Ensalada de Pato, Frutas y Verduras

Ingredientes

1 magré de pato
o 1 pechuga de pato común

Aderezo para el pato

15 cm³ de salsa de soja
10 cm³ de jugo de lima
1 cuchara de jengibre fresco rallado

Guarnición

1 planta de lechuga verde
y 1 morada
2 tomates pequeños
1 mango
1 pomelo rosado
u otro
50 gr de fideos de arroz
Aceite para freír
50 gr de cilantro
50 gr de menta
10 gr de semillas de sésamo negro y blanco

Salsa aderezo

2-4 chilis rojos procesados
(la cantidad es a gusto)
o salsa tabasco.
2 dientes de ajo rallado
20 cm³ de jugo de lima
20 cm³ de jugo de naranja
10 cm³ de vino de arroz
100 gr de azúcar negra o blanca

Procedimiento

Pato: En un bowl colocamos todos los ingredientes del aderezo y dejamos macerar en ellos el pato 30 minutos (en heladera).
Tomamos una sartén agregamos un poco de aceite neutro y colocamos el pato y sellamos las dos caras y luego llevamos al horno a 180°C 6-8 minutos, según el tamaño de la pechuga. Luego retiramos y dejamos reposar unos minutos para acentuar los jugos del pato.

Salsa aderezo: En una olla de mano colocamos todos los ingredientes y dejamos reducir hasta obtener una salsa bien ligada y dejamos en reposo en la heladera por 30 minutos.

Presentación

Tomamos un plato y colocamos primero las hojas verdes, las frutas las cortamos en forma de gajos, junto con los tomates y presentamos.
Sobre ella colocamos los fideos de arroz fritos, las hojas de cilantro, la menta y las semillas de sésamo.
Por otro lado cortamos el pato en finas lonjas y colocamos el aderezo. Servimos.

Consejo:
¡Importante!
El pato debe quedar bien jugoso casi crudo en el centro de la carne, en caso contrario se pondría muy duro, es por eso que debemos siempre asegurarnos al comprar un pato, que éste sea proveniente de reconocidas marcas, de frigoríficos que garanticen la calidad de sus productos.

Técnica: Blanqueado.
Origen: Japón.
Producto principal:
Vegetales, pescado, mariscos,
y miso.
Observación: Miso es el poro-
to de soja o arroz, fermentado.
El plato es una entrada.
Porciones: 2 personas.
Dificultad: Fácil.

Ingredientes

200 gr de cebollas de verdeo
100 gr de espárragos
200 gr de nabos
300 gr de pulpo (1 tentáculo),
opción 1 calamar
100 gr de mejillones u otros
bivalvos vivos

Salsa

100 gr de miso blanco
50 gr de azúcar
30 cm³ de vinagre de arroz
o alcohol
20 cm³ de sake, o jerez

Nuta
[Vegetales al vapor, pescado
o mariscos en salsa de miso]

Procedimiento

En una olla de vapor colocamos abundante agua y un poco de
sal gruesa. Una vez que llegue a punto de ebullición colocamos
las cebollas de verdeo y cocinamos por 5 minutos y cortamos
la cocción en agua fría.

Volvemos a poner agua limpia con sal y de la misma manera cocinamos los espárragos por 1-2 minutos y los nabos (cortados
en bastones de 1x1 cm por 4 cm de largo) por 3-4 minutos.

Cocinamos el pulpo 20 minutos si es español y si es un pulpo duro por 30 minutos, cortamos la cocción con agua fría, y retiramos.
Si fuera calamar el tiempo es de 20 segundos y cortamos la
cocción con agua fría.

Los mejillones u otra variedad de bivalvos los colocamos en
una olla sin agua, tapamos y dejamos cocinar con fuego mínimo
hasta que abran las valvas, unos 2-4 minutos según la variedad
(importante: los que no abran las valvas tirarlos, ya que están
muertos y son altamente tóxicos).

Una vez que abran las valvas separamos de ellas la carne.

La salsa se prepara en un bowl en frío: colocamos el vinagre, el azúcar,
el miso y el sake. Mezclamos todo junto hasta tener una salsa espesa.
Por último pasamos todo por un tamiz y está lista para usar.

Tomamos un plato y colocamos en ella todos los ingredientes que preparamos y por último echamos la salsa por encima de ellos. Servimos.

Técnica: Vapor.
Origen: Japón.
Producto principal: Espinaca
u otra variedad.
Observación: Es una de
las guarniciones más populares
de la cocina Japonesa.
Porciones: 3-4 personas.
Dificultad: Fácil.

Ingredientes

1 paquete grande de espinaca
20 cm³ de salsa de soja
10 gr de katsuo bushi (bonito
seco ahumado rallado, opcional)
ajinomoto

Oshitashi
[Vegetales al vapor con salsa de soja]

Procedimiento

Tomamos una olla de vapor y colocamos en ella toda la espinaca bien limpia y cocinamos por 2- 3 minutos según el tamaño. Retiramos y enfriamos.

Tomamos las hojas de espinaca ya cocidas y cortamos las hojas de 2-3 cm de ancho y servimos sobre un plato hondo.
Colocamos sobre ellas el bonito seco ahumado, ajinomoto y
la salsa de soja.

Técnica: Arrolladitos primavera de papel de arroz.
Origen: Vietnam.
Producto principal: Papel de arroz y carne vacuna.
Observación: Se puede realizar el relleno con otros ingredientes.
Porción: 3-4 personas.
Dificultad: Fácil.

Arrolladitos Primavera Vietnamitas

[De carne, vegetales y salsa de pescado]

Ingredientes

500 gr de bife de chorizo, entrecôte, o lomo
50 gr de hojas de menta fresca
200 gr de lechuga mantecosa
50 gr de albahaca
50 gr de cilantro
8 hojas de papel de arroz

Marinada

100 cm³ de salsa de pescado
1 cucharada de azúcar negra o rubia
1 tallo de lemon grass (hierba limón)

Salsa

80 cm³ de agua de coco
1 cucharada de azúcar
1 cucharada de vinagre de arroz o de alcohol
2 cucharadas de salsa de pescado
1 cucharada de jugo de lima
2 pequeñas cucharaditas de salsa de chili (pasta de chile) o tabasco
1 diente de ajo rallado

Procedimiento

Cortamos la carne en finas láminas (como el carpaccio).
Por otro lado colocamos todos los ingredientes de la marinada y los mezclamos; en ella marinamos, la carne cortada, por 20-30 minutos.
Calentamos aceite en una sartén y sellamos la carne vuelta y vuelta y retiramos.
Luego cortamos en finas tiras la carne sellada y reservamos.

Papel de arroz: Hidratamos con un paño húmedo y limpio los papeles de arroz por 1-2 minutos, según el papel.

Salsa: En un bowl colocamos todos los ingredientes y mezclamos.

Armado

Por último, tomamos un papel de arroz con la mano y colocamos en él la lechuga, la carne, la menta, la albahaca y el cilantro. Enrollamos con la mano y servimos con la salsa por separado en una salsera.

Observación

Para comer sumergir con la mano el rollo en la salsa. Cada comensal le pone al rollo las hojas que prefiera, no hace falta poner cilantro, menta y albahaca juntas.

GUISADOS

«Poco se aprende con la victoria
y mucho con la derrota.»

Proverbio japonés.

Técnica: Pochado.
Origen: Japón.
Producto principal: Papas, y mariscos.
Observación: Plato muy popular de la cocina japonesa.
Porciones: 6 personas.
Dificultad: Moderada.

Nimono
[Pochado o puchero de papas o tubérculos, zanahoria y mariscos]

Ingredientes

1 nabo Japonés
400 gr de sato imo (papa Japonesa) o papa común
200 gr zanahorias bien grandes
200 gr de chauchas japonesas o comunes tipo redonda
3 calamares
1000 cm³ de fondo o caldo de pescado
200 cm³ de salsa de soja japonesa
40 cm³ de mirin o vino de arroz
150 gr de azúcar blanca

Procedimiento

Torneamos la zanahoria en forma de sakura (flor de cerezo) o cortamos en rodajas. El sato imo o papas las torneamos en forma de una esfera facetada (como un balón de fútbol) y el nabo en rodajas: primero cortamos al medio, a lo largo y luego, en rodajas de 1 cm de espesor, (si fuera muy complicado los torneados, simplemente cortamos en una forma parecida, pero sin trabajarla).

Tomamos los tubos de calamar limpios, abrimos al medio y los marcamos en una cuadrícula (para tiernizar).

En una olla colocamos el fondo de pescado y la salsa de soja y el mirin. Si deseamos que sea más dulce, le podemos agregar 150 gr de azúcar. Primero cocinamos la zanahoria, luego de 10 minutos agregamos el sato imo o las papas, el nabo y las chauchas; llevamos a fuego unos 5 minutos hasta que estén a punto y por último agregamos los calamares y cocinamos por 2 minutos. Servimos y acompañamos con arroz blanco.

Técnica: Guisado.
Origen: China.
Producto principal: Pato, y polvo 5 especias.
Observación: Se debe utilizar el tradicional polvo 5 especias chino.
Porción: 6 personas.
Dificultad: Difícil a moderada.

Pato Cinco Especias

Ingredientes

1 pato entero limpio
y eviscerado
40 cm³ de salsa de soja
2 cucharadas de vino de
arroz o de jerez
Sal, pimienta de sechúan,
ajinomoto o azúcar
1 cucharada de polvo 5
especias (se consigue
en lugares de venta
de productos asiáticos)
1-5 guindillas secas,
(a gusto la cantidad)
80 gr de azúcar
1 cucharada de vinagre de
alcohol o de arroz
4 cucharadas de aceite de
sésamo
150 cm³ de caldo de
pato o ave

Procedimiento

Una vez limpio el pato, quitamos la piel, deshuesamos y cortamos en trozos de 3x3 cm de lado.

En un bowls colocamos 30 cm³ de salsa de soja, 1 cucharada del vino y una cucharadita de sal. Ponemos los trozos de pato para marinar por 30 minutos.

Freímos el pato en aceite por 3 minutos en el wok y reservamos. Calentamos 3 cucharadas de aceite de sésamo, agregamos el polvo 5 especias, la guindilla y la pimienta. Calentamos hasta que todo tome un tono marrón claro.

Luego, agregamos el caldo de pato o pollo, el pato frito, sal, ajinomoto o azúcar, los 80 gr azúcar, 10 cm³ de salsa de soja y una cucharada de vino.

Cocinamos hasta reducir o espesar la salsa. Por último, agregamos el vinagre y 1 cucharada de aceite de sésamo. Servimos.

Consejo:
Este plato se puede también servir frío con arroz blanco.

SUSHI

El Sushi, es uno de los platos característicos de Japón. Su origen se encuentra en un método de conservación del pescado, que también era utilizado en otros países asiáticos, siendo Japón, el que basándose en esa técnica, ha desarrollado un tipo de cocina extraordinariamente refinada y de exquisito sabor.

Para realizar un Sushi de alta calidad se requieren muchos años de aprendizaje, destreza, constancia y otros tantos de conocimiento y experiencia, para recién empezar a recorrer un camino donde el final lo pone uno mismo con sus propias limitaciones, ya que es infinito.

En Occidente se conoce apenas una pequeña parte de lo que realmente es el Sushi, siendo los Rolls (arrollados), lo más básico que lo compone y justamente fueron estos singulares bocados los que hicieron conocido el Sushi en el mundo.

Los Niguiris son una especie de canapés de arroz con pescados y mariscos frescos, marinados o cocidos según la variedad. Los de salmón y lenguado son las variedades más frecuentes y fáciles de realizar. No se desanimen y traten de intentarlo. Siempre les digo a mis alumnos, que no hay quien no pueda lograr hacerlos, ¡Son lo más fácil de los Niguiris! ¿Acaso se van a detener al primer paso? Algunos lo logran en la primera clase, otros en la segunda, pero lo importante es que intentando aprenden.

«No digas: es imposible.
Dí: no lo he hecho todavía.»

Proverbio japonés

«Sabiduría, sinceridad,
benevolencia, coraje y disciplina.»

Código de honor japonés

Gohan
[Arroz Blanco Cocido]

Ingredientes

1 kg de arroz del tipo medio o doble carolina Fortuna 00000, cantidad a gusto
1 litro de agua limpia

Utensilios:

Una cacerola con tapa

Procedimiento

Colocamos el arroz en la cacerola y lo lavamos con agua frotándolo suavemente (desalmidonar).
Lavamos en abundante agua, 7 u 8 veces sin frotar para no quebrar el grano.
Luego le agregamos 1 litro de agua.

Cocción

Ponemos a fuego máximo y bien tapado, de 10 a 11 minutos. Una vez que hirvió y se consumió prácticamente el agua, bajar el fuego bien al mínimo y cocinar 11 minutos más.
Apagar y dejar reposar 15 minutos antes de destapar la olla.

Producto principal: Arroz.
Técnica: Sushi.
Origen: Japón.
Dificultad: Moderada.
Observaciones: Si bien realizar un buen Shari requiere años de experiencia, a medida que lo vayan practicando verán que les sale mejor. La cantidad de azúcar es a gusto, pudiendo reducirla si les resulta muy dulce.

Shari
[Arroz aderezado para Sushi]

Ingredientes

2 kg de gohan (arroz cocido blanco neutro), ver receta de gohan
190 cc de vinagre de arroz o alcohol
110 gr de azúcar
1 cdta. de sal
1 cda. de mirín, sake (opcional)

Utensilios

1 bowl pequeño
1 bowl grande de plástico de 50 a 60 cm de diámetro
1 cuchara de madera o espátula
1 ventilador o abanico
1 servilleta de tela humedecida en agua

Procedimiento

Cocinamos: El arroz Gohan (ver receta de gohan en esta página).

Aderezo: Colocamos en el bowl pequeño, el vinagre, el azúcar, la sal y el mirín (opcional). Revolver hasta disolver el azúcar.
Shari: Colocamos el arroz caliente en el bowl grande y verter el aderezo muy lentamente por todo el arroz.
Encendemos el ventilador inmediatamente o utilizamos un abanico y enfriamos el arroz aderezado moviéndolo continuamente con la espátula. Una vez frío, cubrimos con una servilleta húmeda. Dejamos reposar como mínimo 1 hora antes de usar.

Nota:
Prueben darle un toque personal agregando alguna bebida blanca a su gusto.

Técnica: Maki sushi.
Origen: Japón.
Porciones: 2 personas.
Observación: La característica de este rolls es cuando un comensal desea comer un sabor o ingrediente determinado.
Dificultad: Moderada.

Ingredientes

400 gr de shari, (ver receta de arroz para sushi "Shari" en la página 117)
2 algas nori
10 gr de wasabi, (rabanito picante para sushi)
salsa de soja

Rellenos

3 huevos
1 pepino
100 gr de salmón rosado fresco o kani kama

Utensilios

Una esterilla de sushi

Hosomaki

[Pequeños rolls envueltos en alga nori, de un solo sabor]

Procedimiento

Tamagoyaki (Omelette de huevo): Batimos 3 huevos con una cucharada de azúcar y una pizca de sal. Vertemos sobre la sartén caliente (previamente aceitada). Cocinamos a fuego mínimo hasta que cuaje. Damos vuelta y cocinamos 1 minuto. Colocamos en un plato, dejamos enfriar y cortamos en tiras de 1x1 por 18 cm de largo.
Pepino: Cortamos en tiras de 1x1 por 18cm de largo.
Salmón: Cortamos en tiras (ídem anterior).

Armado

Cortamos las algas por la mitad, luego una de las mitades la colocamos sobre la esterilla.
Sobre el alga, poner el shari (el arroz aderezado para sushi), dejando libre 2 cm en el margen superior.
Colocamos un poquito de wasabi en el centro del shari (excepto en el relleno de huevo).
Arriba del wasabi ponemos el relleno elegido y luego enrollamos con ayuda de la esterilla.
Por último, cortamos en seis cortes cada rollo y servimos.

Técnica: Maki sushi (roll en japonés).
Origen: Sushi americano.
Producto principal: Arroz.
Observación: Es el plato que hizo que el Sushi se haga conocido en el mundo.
Porciones: 2 personas.
Dificultad: Fácil.

Ingredientes

1 alga nori
400 gr de shari (arroz de sushi aderezado), (ver receta de "Shari y Gohan" en la página 117)
30 gr de semillas de sésamo tostadas (blancas o negras)

California Rolls o Uramaki Sushi

[Técnica de Makisushi con el alga invertida]

Procedimiento

California Roll: Forramos la esterilla con el papel film.
Colocamos la mitad del alga nori (medida de 10,5 x 18 cm) sobre la esterilla y cubrimos la totalidad de alga con shari, (arroz de sushi aderezado), dándole aproximadamente 6 mm de espesor. Luego espolvoreamos a gusto con el sésamo tostado y damos vuelta el nori con el arroz y el sésamo, quedando el arroz hacia abajo.

Relleno

*6 bastones de carne de can-
grejo o similar (tipo kani kama)
1 palta (avocado)
1 pepino
10 gr de wasabi (rábano
picante para sushi, opcional)
50 cm³ de salsa de soja
suave (tipo japonés)*

Utensilios

*1 esterilla de sushi (Makisu)
film de polietileno para uso de
cocina*

Ponemos sobre la mitad del alga nori, carne de cangrejo o kanikama, tajadas de palta (avocado) y pepinos en tiras. Arrolla-
mos con la esterilla (makisu).

Por último, tomamos un cuchillo bien filoso, mojamos el filo
en agua y cortamos en 8 bocados el roll. Servimos acompañado de salsa de soja tipo japonesa (suave) y wasabi.

Técnica: Sushi.
Origen: La técnica es
japonesa pero la variedad
del relleno es americana.
Producto principal: Queso
Philadelphia, cream cheese,
tipo americano.
Observación: Se puede
remplazar por otro tipo
de queso cremoso.
Porción: 1 persona.
Dificultad: Fácil.

Philadelphia Rolls
[Técnica de rolls o makisushi con el alga invertida]

Procedimiento

Forramos la esterilla con el papel film.

Colocamos el nori sobre la esterilla y cubrimos el alga con shari (arroz de sushi aderezado), en su totalidad.

Espolvoreamos con el sésamo tostado y damos vuelta el nori
(quedará el arroz sobre la esterilla y el alga hacia arriba.)

Ponemos sobre la mitad del nori, queso philadelphia en forma
de bastón (a gusto), salmón rosado y pepinos en tiras y procedemos a arrollar.

Una vez que armamos el roll, lo cortamos con un cuchillo filoso en 8 bocados, mojando la cuchilla para que no se pegue.

Acompañamos con wasabi y salsa de soja.

Ingredientes

*1 alga nori cortada al medio
250 gr de shari (arroz
aderezado de sushi, ver
receta de shari pág. 117).
30 gr de semillas de sésamo
tostadas (blancas o negras)
150 gr de filete de salmón
rosado cortado en tiras de
18 cm x 1 cm
25 gr queso philadelphia
50 gr de pepino
20 gr de wasabi (rábano
picante)
30 cm³ de salsa de soja*

Utensilios

*1 esterilla de sushi (makisu)
film de polietileno para uso
de cocina.*

Técnica: maki sushi (arrollado de sushi o rolls).
Producto principal: Alga nori.
Origen: Japón.
Observación: Es el sushi más popular de las amas de casa del Japón.
Porciones: 2 personas.
Dificultad: Moderada.

Futomaki
[Típico roll grande japonés]

Procedimiento

Blanqueamos la espinaca con abundante agua, la escurrimos y separamos.

Colocamos en la cacerola la salsa de soja, el azúcar, el caldo o el fondo de pescado y el dashinomoto. Dejamos todo por unos minutos hasta que el azúcar quede reducido.

Cortamos las zanahorias en bastones de 5x5 mm por 10 cm de largo y ponemos a cocinar en la salsa por 10 minutos.

En un bowl colocamos los huevos, la cucharadita de azúcar, la sal y mezclamos todos los ingredientes.

En una sartén colocamos un poco de aceite neutro y ponemos la mezcla y cocinamos el omelette.

Armado

Colocar el nori entero sobre la esterilla y cubrir con shari la superficie total, con un espesor de 6 mm aproximadamente y dejar un margen superior libre de 4 cm.

Luego colocamos en el centro las zanahorias, las espinacas blanqueadas, el huevo, el kanikama y los pepinos en tira.

Por último cerramos el roll con mucho cuidado. Cortamos en 8 bocados y servimos con salsa de soja.

Ingredientes
100 gr de zanahorias
200 gr de espinacas
6 bastones de kanikama o bastones de centolla o cangrejo
1 pepino
2 huevos
1 cucharadita de azúcar
sal
50 cm³ de salsa de soja
50 gr de azúcar blanca
30 cm³ de caldo de pescado con 2 gr de dashinomoto u hondashi (caldo en polvo de bonito seco y ahumado)
2 algas nori

Arroz para sushi (shari)
300 gr de gohan (ver receta de arroz blanco neutro página 117)
60 cm³ de vinagre de arroz o alcohol
40 gr de azúcar blanca
Sal
10 cm3 de sake (opcional)

Utensilios
1 esterilla de sushi
cacerola

Consejo:
Para enrollar bien el roll, llevar la parte inferior del alga hacia donde termina el arroz en la parte superior. Una vez que cerró bien, continuamos girando la esterilla para seguir adhiriendo el alga en toda la vuelta.

Técnica: Sushi.
Dificultad: Difícil a moderada.
Origen: Japón.
Producto principal: Salmón rosado y arroz de sushi.
Observación: Las técnicas de sushi son complejas para explicarlas en una receta. Por esta razón para poder realizarla se debe tener una base de cocina o conocimiento de sushi básico, (como conocer las variedades y sus formas).
Porción: 2 personas.

Ingredientes

400 gr de shari (arroz de sushi aderezado, ver receta página 117)
400 gr de salmón rosado neutro
20 gr de wasabi (rábano picante japonés)
40 cm^3 de salsa de soja

Niguiri de Salmón Rosado

[Pequeños canapés de sushi con salmón rosado]

El sashimi es conocido en Occidente como el "sushi sin arroz". Se requieren técnicas muy precisas y refinadas en los cortes, como también diversas variedades de cuchillos.
Para saber realizar correctamente el sashimi, se necesita conocer la anatomía y sus reacciones químicas de cada especie de pescados.

Procedimiento

Una vez preparado el arroz aderezado de sushi, dejamos reposar por 1-2 horas, para poder utilizarlo (ya que al estar caliente se descompone el pescado fresco).

Tomamos el salmón rosado y cortamos rectángulos de 6 cm de largo, por 2,5 cm de ancho, por 3-4 mm de espesor; hacemos unos 16 cortes, 8 bocados por comensal.

Con la mano preparamos unos bollitos de 3-4 cm de largo, por 1-2 cm de alto, por 1-2 cm de ancho.

Una vez que tengamos preparados los bollitos colocamos primero sobre el rectángulo de salmón un poco de wasabi (rábano picante), donde la cantidad es a gusto.

Luego tomamos uno de los bollitos de arroz y lo colocamos por encima del wasabi y el salmón y le damos con las manos una forma rectangular, de la misma medida que el bollo de arroz.

Servimos en un plato de a 8 bocados por comensal con un poco de wasabi y la salsa de soja en un plato pequeño o una salsera.

Observación: El wasabi es a gusto. Se lo puede colocar o no, tanto en el canapé como en la salsa de soja.

El sushi se debe comer: Primero, colocando wasabi (cantidad a gusto) en la salsa de soja y mezclandolos; luego mojando del lado del pescado la salsa. Se come de un solo bocado.

Consejo:
Para probar wasabi por primera vez, diluir un poquitito en salsa de soja. Si gustara más picante, agregar más wasabi. Los niguiris se mojan en esta salsa y se comen.

Técnica: Sushi.
Origen: Japón.
Producto principal:
Lenguado y arroz de sushi.
Observación: Las técnicas
de sushi son complejas para
explicarlas en una receta. Por
esta razón para poder realizarla
se debe tener una base de
cocina o conocimiento de
sushi basico, (como conocer
las variedades y sus formas).
Porción: 2 personas.
Dificultad: Difícil a moderada.

Niguiri de Lenguado

[Pequeños canapés de sushi con lenguado]

*El wasabi es a gusto. Se lo puede colocar o no,
tanto en el canapé como en la salsa de soja.
El sushi se debe comer: Primero, colocando wasabi
(cantidad a gusto) en la salsa de soja y mezclando;
luego, mojando del lado del pescado la salsa, y se come de un solo bocado.*

Ingredientes

*400 gr de shari (arroz
de sushi aderezado, ver
receta página 117)
400 gr de filetes de
lenguado (ver receta de
sashimi de lenguado para
entender técnica de fileteado)
20 gr de wasabi (rábano
picante japonés)
40 cm³ de salsa de soja*

Procedimiento

Una vez preparado el arroz aderezado de sushi, dejamos reposar por 1-2 horas, para poder utilizarlo (ya que si está caliente
se descompone el pescado fresco).

Tomamos el lenguado: primero, colocamos el filete donde la cabeza queda hacia arriba y la cola hacia abajo y el lado de la piel
hacia la tabla.

Cortamos en forma diagonal un trozo de forma rectangular, de
6 cm de largo, por 2,5 cm de ancho, por 2-3 mm de espesor
(es muy importante que sea el corte bien delgado ya que el
lenguado es fibroso pero tiene un sabor exquisito); hacemos
unos 16 cortes, 8 bocados por comensal.

Con la mano preparamos unos bollitos de 3-4 cm de largo, por
1-2 cm de alto y 1-2 cm de ancho.

Una vez que tengamos preparados los bollitos colocamos primero sobre el rectángulo de lenguado, un poco de wasabi (rábano picante) a gusto.

Luego tomamos unos de los bollitos de arroz y lo colocamos por
encima del wasabi y el lenguado y le damos con las manos una
forma rectangular de la misma medida que el bollito de arroz.

Servimos en un plato de a 8 bocados por çomensal con un poco
de wasabi y la salsa de soja en un plato pequeño o una salsera.

Técnica: Sushi.
Origen: Japón.
Producto principal: Arroz de sushi, alga nori.
Dificultad: Moderado.
Observación: El relleno puede variar según el gusto del comensal.
Porción: 4 personas unos 12 conitos.

Temaki Sushi de Kanikama

[Conito de sushi relleno de arroz y pescado o mariscos, etc]

Ingredientes

500 gr de arroz de sushi (ver receta de shari página 117)
6 algas nori (se cortan por la mitad, 18x10,5 cm)
30 gr de wasabi
50 cm³ de salsa de soja
12 unidades de kanikama
1 palta
100 gr de pepino japonés o el común

Procedimiento:

Tomamos media alga colocando en forma apaisada o a lo ancho y colocamos en 1/3 de la superficie, arroz de sushi hacia la derecha, con un espesor de 4 mm.

Luego colocamos 1 bastón de kanikama con una tira pequeña de pepino, 1 bastón de palta de 5x5mm y 6 cm de largo, en el centro del arroz de sushi.

Por último cerramos girando en forma de un abanico y servimos con salsa de soja.

Gomoku Sushi Gohan

[Arroz de sushi con 5 ingredientes, o 5 sabores]

Técnica: Sushi.
Origen: Japón.
Producto principal: Arroz de sushi, más 5 ingredientes.
Observación: Los ingredientes pueden variar según el gusto de cada comensal.
Dificultad: Fácil.
Porción: 2 personas.

Ingredientes

500 gr de shari (arroz aderezado de sushi ver receta página 117)
2 huevos
1 cucharadita de azúcar
sal
6 bastones de kanikama o carne de centolla o cangrejo
20 gr de sésamo negro y blanco
50 gr de cebollas de verdeo picadas
200 gr de zanahorias
50 cm³ de salsa de soja
30 gr de azúcar
30 cm³ de caldo de pescado o de verdura

Procedimiento

Primero preparamos el arroz aderezado de sushi (ver receta de shari , página 117).

En un bowl colocamos 2 huevos, 1 cucharada de azúcar y sal. Batimos todos los ingredientes, los pasamos por un colador o un chino para obtener una mezcla sin impurezas.

Calentamos una sartén, con el fuego medio (no debe estar muy caliente ni muy fría la temperatura de la sartén, ya que si estuviera caliente se quemaría en la cocción el azúcar y si estuviera muy frío se pegaría el huevo en la sartén) y colocamos en ella la mezcla; cocinamos 3-5 minutos y dejamos enfriar por 10 minutos.

Una vez bien frío cortamos el huevo en una juliana de 2-3 cm de largo y lo más fino posible de espesor.

La zanahoria, la cortamos en juliana y la cocinamos por 10 minutos en una salsa a base de: 50 cm³ de salsa de soja, 30 gr de azúcar, 30 cm³ de caldo de pescado o verdura. Retiramos y dejamos reposar por 10 minutos.

En un bowl colocamos el arroz de sushi, la juliana pequeña del omelette de huevo, la zanahoria cortada igual que el huevo, la cebolla de verdeo y el kanikama desmenuzado.

Mezclamos todo y servimos en un plato hondo. Por último, le agregamos semillas de sésamo por arriba y servimos.

VOCABULARIO

Salsas

Salsa de soja o soya: Es uno de los productos más importantes de la cocina asiática. Se prepara a base de soja, trigo y sal. Existen diversas variedades y de calidad diferentes. Salsa de soja, clara, oscura, suave, dulce, ligera, etc.

Salsa de ostras: Se obtiene de una reducción de ostras y especias; se la utiliza para acompañar, carnes, pastas, y verduras.

Salsa hoisin: Salsa agridulce y picante, a base de soja de habas, vinagre, harina de trigo, guindilla, aceite de sésamo y vegetales; ideal para el pato Pekín.

Salsa de pescado: Salsa indispensable para la cocina tailandesa y vietnamita, de sabor a pescado muy penetrante.

Salsa de ají, o de chili o de guindilla: Es una salsa de sabor muy picante; indispensable en la mesa de la cocina china. Se prepara a base de vinagre, guindilla y sal.

Salsa tonkatsu: Es una salsa muy parecida a la salsa inglesa. De sabor dulce, picante y salado, ideal para los apanados o rebozados.

Aceites

Aceite de sésamo o ajonjolí: Es un aceite a base de semilla de sésamo tostado qué se utiliza para perfumar, y dar sabor; no se utiliza para freír como otros aceites.

Aceite de maní o cacahuete: Se utiliza mucho en la cocina china, tanto para saltear, grillar y sobre todo para freír ya que soporta altas temperaturas y es de sabor neutro.

Aceite de ajíes: Está preparado a base de ajíes que se dejan en un aceite neutro (girasol, maíz), que se utiliza para aderezar las ensaladas o platos que se le quiera dar sabor picante.

Aceite neutro: Se le dice neutro a todos aquellos aceites, que no le den sabor a las comidas; es decir es un producto que se utiliza como un medio de cocción; ejemplo aceite de maíz, girasol, etc.

Vinagres

Vinagre de arroz: Se prepara a base de arroz y tiene un sabor muy suave, básicamente es el vinagre que más se utiliza en Asia.

Vinagre rojo chino: Está preparado a base de mijo y sorgo.

Vinagre blanco de malta: Es un vinagre a base de malta.

Bebidas Alcohólicas

Vino de arroz chino: Es a base de arroz glutinoso, que se obtiene por fermentación.

Sake: Se prepara con de arroz y es de origen japonés. Para los monjes budistas japoneses era la bebida sagrada de los dioses.

Mirin: Está preparado a base de arroz, pero tiene sabor dulce, además sólo se utiliza para cocinar y es de origen japonés.

Despensa

Dashinomoto u hondashi: Es un caldo o fumet en polvo o granulado a base de bonito ahumado.

Katsuo bushi: Bonito seco, ahumado, que se comercializa en forma de escamas (como viruta de madera), o pieza entera sin cepillar que tiene la textura de la madera. Se utiliza para preparar deliciosos caldos y también se pude utilizar como condimento en la cocina japonesa.

Miso: Es un producto a base de poroto de soja fermentado, arroz, agua, y sal. El miso se presenta en diferentes sabores: blanco, muy suave; rojo, de sabor un poco más acentuado y negro de sabor fuerte.

Wasabi: Es una pasta que se prepara con una variedad de rábano picante de origen japonés: es fundamental en el sushi. Tiene un sabor muy picante y es un producto único. Se comercializa en polvo, en pasta o en forma natural.

Camarones secos: Son pequeños camarones o gambas que se secan al sol, de sabor salado; se utilizan para condimentar, y se presentan triturados o enteros.

Pan ko: Pan rallado de origen japonés, muy parecido al pan rallado inglés.

Alga nori: Alga que se utiliza para preparar los makisushi o los rolls de sushi.

Hierbas

Albahaca del Sudeste Asiático: Sólo en Tailandia hay más de tres tipos de albahaca, de sabores diferentes.

Cebollín chino o nira: También conocido como nira; se utiliza mucho en la cocina china, coreana y japonesa. De sabor suave y con un toque de ajo.

Cilantro o coriandro fresco: Es uno de los productos que más se utilizan en la cocina del sudeste asiático, sobre todo en los curry y también en la cocina china.

Lemon grass: Es de origen asiático y se conoce en Occidente como hierba de limón. Tiene sabor a limón, se utiliza muchísimo en el sudeste asiático.

Hojas de lima kaffir: Como lo dice el nombre, hojas de la variedad de lima kaffir. Se utiliza picado o en pasta, sobre todo en la cocina tailandesa.

Especias

Cinco especias: Canela, semilla de hinojo, anís estrellado, clavo de olor, y pimienta de Sechuán.

Cardamomo: Originario del sur de la India y se da actualmente en todos los climas tropicales. Se presentan en vaina, de sabor sutil, e indispensable en un buen curry.

Semilla de comino: De sabor dulce, se utiliza en los curry en el sudeste asiático.

Semilla de coriandro: Condimento de la India, del sudeste asiático y también, en el Mediterráneo. Fundamental en un buen curry de sabor muy fresco, pero se debe utilizar en pocas cantidades. Se recomienda utilizarlo, recién molido y tostarlo previamente.

Anís estrellado: Es un fruto originario de la China de la familia de la magnolia, y su nombre proviene a la forma de estrella que tiene, de sabor similar al anís y es uno de los condimentos fundamentales de la cocina china.

Cúrcuma: Se lo confunde muchas veces con el azafrán. Es uno de los productos principales del curry y el color amarillo que presenta, es por la cúrcuma.

Pimienta de Sechuan: Su sabor es picante y anisado, y se extrae de unas bayas rojas, que son de la región china de Sechuan.

Togarashi: Es la pimienta de Cayena japonesa. Se presenta en vainas enteras o molidas, de sabor picante muy parecido al ají molido.

Sansho: Pimienta japonesa, provine del fresnos japoneses. Se presenta en polvo y en vainas, de sabor muy suave.

Kare: Es el nombre que se le da a los curry amarillos en Japón y su sabor esta adaptado al paladar japonés.

Raíz o rizomas

Jengibre: Es uno de los productos fundamentales de la cocina de Asia. Su sabor es picante con dejo de limón y se presenta fresco, seco o en polvo.

Galanga: Es una raíz muy parecida al jengibre en la forma, pero en su sabor es un poco amargo y de textura más dura que el jengibre. Se utiliza muchísimo en la cocina tailandesa.

Frutos picantes
Ajíes, chilis, guindillas: Fruto de sabor picante, donde su picor se encuentra principalmente en el interior sobre todo en las semillas. En general los pequeños, son los más picantes. Se presentan frescos o secos; estos últimos pican más.

Condimentos
Ajinomoto (glutamato monosódico): Es un realzador de sabor que se prepara a base de algas, cereales, legumbres y también de caña de azúcar. Se puede reemplazar por azúcar.
Pastas de curry: Es una pasta picante de sabor a curry, que se presenta en forma de pastas y con diferente sabor. Como el curry, rojo, verde, amarillo, que se utiliza en diferentes tipos de platos, incluye los curry, en la cocina tailandesa.
Pasta de camarón: Pasta saborizada, a base de camarones fermentados y se utiliza para dar sabor a los curry, vegetales, carnes, etc.

Frutas
Lima kaffir: Es una variedad de la familia de los limones y la lima, de un aspecto rugoso, que se utiliza mucho en la cocina del sudeste asiático. Se usa tanto el fruto, como la hoja.
Leche de coco: Es una preparación que se utiliza agua con la pulpa rallada, no se debe confundir con el jugo del coco. Indispensable en la cocina tailandesa y también en otros países del sudeste asiático.
Crema de coco: Es una preparación donde la pulpa se remoja en agua caliente y se deja en refrigeración; luego se observa que el líquido se separa de la parte espesa que queda en la superficie; a esto se lo llama crema de coco. Se utiliza mucho en la cocina del sudeste asiático, para ligar o espesar los curry o alguna salsa.

Semillas
Semilla de sésamo: Es una semilla de origen árabe, muy aromática que se utiliza muchísimo en la cocina japonesa.

Vegetales
Shitake: Hongo, de origen de asiático de sabor exquisito que se presenta fresco o seco.
Daikon: Nabo de variedad japonesa de sabor amargo y suave.
Hongos orejas de Judas o del bosque: Son de Asia, de sabor muy suave y delicado; se utilizan muchísimo en los platos al wok.
Hakuzai: Lechuga arrepollada de Asia.
Pak choi: Variedad de espinaca de Asia, de sabor suave y crocante en su penca.
Pepino japonés: Pequeño pepino japonés, de sabor suave y de pulpa crocante, ideal para el sushi.
Pepino amargo: Es un pepino de origen asiático de sabor amargo, y se utiliza mucho en la cocina china.
Sato imo: Es un tubérculo pequeño, que se utiliza en la gastronomía, japonesa de sabor dulce y cremoso.
Tororo imo: Es un tubérculo de la familia de papas ñame de origen japonés, que posee una textura pegajosa.
Avocado: Palta (también se llama aguacate en otros países).

Pastas
De arroz: Fideos a base de arroz, de color trasparente, y de origen asiático que se presenta en diferentes formas; y su cocción es muy rápida. Se utiliza muchísimo en los salteados al wok.
Soba: Pastas de harina de sarraceno o alforfón de la cocina japonesa.
Lamien: Pasta de harina de trigo, muy popular en China y gran parte de Asia.
Udon: Pasta de harina de trigo, agua, y sal, de forma grande y gruesa; es una de las pastas que más se consumen en Japón.

Arroz
Jazmín: Es uno de los arroces más ricos y exquisitos del mundo, de sabor suave y muy perfumado, ideal para los curry thai.
Doble Carolina Fortuna 00000: Arroz de tipo medio o mediana cantidad de almidón, es uno de los granos que más se cosumen, en el mundo y se puede utilizar, por su característica, para el sushi.
Largo fino: Arroz de grano largo y fino, muy pequeño, de textura desgranado, ideal para el wok, ya que no se pega.

Queso
Tofu: Queso de soja, de sabor muy suave, de origen chino, pero se consume muchísimo en la cocina de Corea y Japón también. Se presenta tierno, ideal para comer solo, y los duros son muy buenos para cocinar, ya que no se rompen.

Wok: Es una herramienta de cocina, que tiene la función de una sartén, de forma muy parecida al disco de arado, un poco más profunda. Tiene origen en la China. El wok tiene la gran virtud de concentrar muchísimo calor o energía en su superficie. Además, tiene mucha capacidad para preparar muchas porciones juntas. Se presentan, de hierro fundido, de teflón, de acero inoxidable y de aluminio.

Makisu: Esterilla de caña de bambú para preparar makisushi o rolls.

Shamoyi: Espátula japonesa de madera o de plástico para servir el arroz.

Domburi: Vajilla de forma redonda y profunda de origen chino en que se sirven los platos de la familia de los domburimono: es decir todo plato que se sirva en ella es de la familia de los domburimonos (estilo de cocina que sobre un colchón de arroz se sirve carne, ave, pescado, mariscos, etc.

Azote: Olla con mango, ideal para realizar salsas.

Saltear: Técnica que se emplea en la cocina, que consiste en realizar movimientos constantes, para que los ingredientes estén mezclándose entre sí. Se utiliza muchísimo en el wok, hace que los vegetales queden bien crocantes.

Al dente: Punto de cocción, donde las pastas, vegetales y el arroz, quedan tiernos, desgranados o crocantes según los productos.

Blanquear: Método o técnica de cocción, con agua hirviendo, a punto de ebullición, por corto tiempo.

Pochear: Método de cocción similar al guisado.

Ligar: Es espesar una salsa, por medio de una técnica.